几种车辆路径问题模型及智能优化算法研究

颜 瑞 著

中国财经出版传媒集团

经济科学出版社
Economic Science Press

图书在版编目（CIP）数据

几种车辆路径问题模型及智能优化算法研究/颜瑞著.
—北京：经济科学出版社，2017.8
ISBN 978 - 7 - 5141 - 8355 - 9

Ⅰ.①几…　Ⅱ.①颜…　Ⅲ.①物流 - 货物运输 -
研究　Ⅳ.①F252

中国版本图书馆 CIP 数据核字（2017）第 202098 号

责任编辑：王　丹　赵　芳
责任校对：王苗苗
版式设计：齐　杰
责任印制：邱　天

几种车辆路径问题模型及智能优化算法研究
颜　瑞　著
经济科学出版社出版、发行　新华书店经销
社址：北京市海淀区阜成路甲 28 号　邮编：100142
总编部电话：010 - 88191217　发行部电话：010 - 88191522
网址：www. esp. com. cn
电子邮件：esp@ esp. com. cn
天猫网店：经济科学出版社旗舰店
网址：http://jjkxcbs. tmall. com
北京季蜂印刷有限公司印装
880 × 1230　32 开　6.125 印张　200000 字
2017 年 8 月第 1 版　2017 年 8 月第 1 次印刷
ISBN 978 - 7 - 5141 - 8355 - 9　定价：38.00 元
（图书出现印装问题，本社负责调换。电话：010 - 88191510）
（版权所有　侵权必究　举报电话：010 - 88191586
电子邮箱：dbts@ esp. com. cn）

前　言

　　运输和装卸是物流配送系统的两个重要环节，从成本上看，运输成本在物流配送成本结构中更是占据了绝对高的比重。从运输环节中抽象出来的科学问题是车辆路径问题，从装卸环节中抽象出来的科学问题是装箱问题。在过去的几十年时间里，关于车辆路径问题和装箱问题的研究都分别取得了长足的发展，但一直以来对于这两个问题的研究是独立进行的。

　　在现代化的物流配送体系中，很多时候需要同时考虑运输和装卸这两个问题，比如家电、家具的送货上门服务。对于这类问题，只有将这两个环节同时进行考虑，才能既保证所选择的配送线路成本最低，又保证货物能够全部合理地装箱入车。将运输和装卸联合起来考虑的科学问题称为考虑装箱约束的车辆路径问题，近年来这一问题开始逐渐引起国内外学者的关注。目前，关于这类问题的研究较少且松散，没有形成系统的知识结构，不利于学者们进行深入的研究和广泛的交流。

　　本书在充分研究现有文献的基础之上，结合物流配送的实践经验，总结考虑装箱约束的车辆路径问题的基本思路和基本方法，最终成功建立多个相关数学模型并提出求解算法。

　　本书可为研究物流优化、车辆路径问题以及相关研究方向提供参考。

　　本书主要内容全部由颜瑞撰写完成，邱冠男负责部分章节的校对和修改工作。此外，感谢北京科技大学经济管理学院张群教授、朱晓宁副教授、孙海峰硕士以及北京信息科技大学经济管理学院刘鑫硕士为本书所做的贡献。

作者

2017 年 8 月

目　录

第一章

中国物流业发展概况

第一节　中国物流业发展概况

物流业是融合运输业、仓储业、货代业和信息业等产业的现代化、复合型服务产业。物流业是国民经济的重要组成部分，在促进产业结构调整、转变经济发展方式和增强国民经济竞争力等方面发挥着重要作用。物流业的发展应当与国家经济总量成正比、与国家经济发展水平成正比。物流规模与经济发展水平一致时，能够显著地促进经济发展；物流规模过小，将会影响各个行业的生产、销售，进而制约整个经济的发展；物流规模过小，将会造成大量资金冗余、浪费，产生虚假繁荣的物流业，对经济发展产生很大的负面作用。

物流产业是现代社会化大生产和专业化分工不断加深的产物，是促进经济发展的"加速器"和"第三利润源泉"，其发展程度是衡量一国现代化程度和国际竞争力的重要标志之一。当前，伴随经济全球化以及世界范围内服务经济的发展，物流产业作为一个新兴的服务部门，正在全球范围内迅速兴起，跨国化、规模化和网络经济化等现象已经成为全球物流产业发展的重要趋势。

伴随着中国网络购物的迅速发展，中国的物流行业也在其带动下迅速地发展着。而且随着经济全球化和信息技术的不断发展，国际物流业已成为国际间商业贸易的一种重要实现方式和必要手段，中国的物流行业也在不断地向国际物流方向发展。现如今，中国的物流状况较前几年来说，有了很大的进步。特别是在中国的物流环境和供给与需求方面来看，发展是很迅速的。而且，中国物流的发展，也带动了中国第三产业的发展，也对中国经济发展具有一定的帮助。

中国物流与采购联合会和中国物流学会联合发布的《中国物流发展报告》（2010～2011）显示，2010年中国社会物流总额达125.4万亿元，同比增长15%，增幅比2009年提高3.7个百分点。其中，工业品物流总额达113.1万亿元，同比增长14.6%。工业品物流总额占社会物流总额的比重为90.2%，是带动社会物流总额增长的主要因素。2010年中国社会物流总费用达7.1万亿元，同比增长16.7%，与当年GDP的比率为17.8%。其中，运输费用3.8万亿元，同比增长14%，占社会物流总费用的比重为54%；保管费用2.4万亿元，同比增长20.5%，占社会物流总费用的比重为33.9%；管理费用0.9万亿元，同比增长19%，占社会物流总费用的比重为12.1%（何黎明，中国物流与采购联合会，中国物流学会，2011）。从全国社会物流费用结构来看，运输费用所占的比重已经超过50%。因此，减少物流成本就必须重视运输环节，提高运输效率、降低运输费用。

目前，中国物流成本一直处于较高的水平，与发达国家相比还有较大的下降空间。如表1-1所示，中国物流总费用与GDP的比率长期维持在20%左右，美国和日本等发达国家的这一比率基本维持在10%以内。在中国，物流业是一个新兴的服务产业，物流业的发展还处于起步阶段，整体发展水平较低，维持中国目前经济运行水平所需的物流成本远远高于发达国家。过高的物流成本，制约了国民经济的发展，削弱了企业的市场竞争力，成为企业发展的一个

"瓶颈"。中国物流成本是发达国家的 2 倍多，物流产业的效率偏低。另外，中国物流业务附加值低，增值服务少。多数从事物流服务的企业只能提供单一运输和仓储服务，缺乏流通加工、物流信息服务、库存管理、物流成本控制等增值服务，特别是物流方案设计以及全程物流服务等高增加值服务方面还没有完全展开，导致物流活动长期处于低水平的粗放阶段。

表 1-1　　中国与美国、日本社会物流总费用与 GDP 比率　　单位：%

年份	中国	美国	日本
1996	21.1	10.3	9.3
1997	21.1	10.2	9.3
1998	20.2	10.1	9.0
1999	19.9	9.9	8.8
2000	19.4	10.1	8.7
2001	18.8	9.5	8.5
2002	18.9	8.7	8.4
2003	18.9	8.5	8.2
2004	18.8	8.6	8.5
2005	18.6	9.5	8.4
2006	18.3	9.7	8.7
2007	18.2	9.9	8.9
2008	18.1	9.4	9.1
2009	18.1	7.8	8.6
2010	17.8	8.3	*
2011	17.8	8.5	*
2012	18.1	8.5	*
2013	18.0	*	*
均值	18.9	9.3	8.7

注：标记"＊"为相关年份报告未公开。
资料来源：中国物流信息中心，《2006 年上半年中国物流运行情况分析》；中国物流与采购联合会，《中国物流发展报告》（2012~2013）。

　　"十一五"期间，中国政府非常重视物流业的发展。2009 年 3 月，国务院发布《物流业调整和振兴规划》（以下简称《规划》），带动了各部门、各地方对物流业的重视和支持，物流业发展的政策环境进一步改善。按照《规划》要求，国家发展和改革委员会、商务部、财政部、交通运输部、铁道部及工业和信息化部等各大部委均采取积极措施，大力支持物流业发展，带动社会资金投入。随着"十二五"规划的制定和推行，对各行业节能减排的要求越来越高。物流业能源消耗高，节能减排任务重。依赖"高投入、高消耗、高排放、低产出、低效益、低科技含量"的传统物流运作模式，面临非常严峻的挑战。

　　继降低生产成本和提高销售额之后，降低物流成本被称为企业的"第三利润源"（韩西林，1989）。通过发展物流业，提高运输效率，加快商品和资金周转，可以大幅度提高全社会的物流效率，降低企业的物流成本。提高物流效率、降低物流成本，不仅能给企业带来可观的利润增长，还能给国家带来很高的社会效益。根据北美和欧洲的大量实际应用显示，对物流配送过程进行优化，可以降低 5% ~20% 的总运输成本，而总运输成本在商品总成本中占 10% ~ 20%（Toth，Vigo，2001）。

　　多年来，中国社会物流成本居高不下，与 GDP 的比率一直保持在 18% 左右，而美国和欧美发达国家这一数据仅为 8% ~10%。一般来讲，运输成本比重越高，管理成本比重越低，说明物流水平越好。数据显示，2012 年中国社会物流总费用中，管理费用占 12.3%，而美国平均只有 3.8% 左右；运输费用占 52.5%，而美国平均占 63% 左右，这说明中国物流成本构成与发达国家有一定的差距，物流水平亟待提高。

　　物流成本过高将对中国的经济带来一系列负面影响，如阻碍行业发展、使消费者购买力外流、降低企业竞争力等。

　　2012 年全球经济低迷，对中国的经济实体产生了巨大影响，冲击着国内整个制造、加工及外贸等行业。

由于这些行业是物流需求主体，因此这些企业业务量的萎缩必将导致物流业的业务量减少，从而使物流业也陷入一个低潮期。如中国航运、港口总体表现为需求放缓，运力增加，成本上涨，运价下降，亏损扩大，导致中国大批中心航企存在破产倒闭风险。

电子商务领域几大电商巨头竞争激烈，而且受当前物流成本过高的影响，处境都比较艰难。很多做物流的电商都是在亏本经营。亚马逊公布的 2012 年第二季度财报显示利润同比下降 96%，创下自 2002 年以来季度净利润同比最大降幅。

总体来说，中国物流运行增速有所趋缓，社会物流总额增速已经连续多个季度放缓，物流有效需求不足，业务规模缩小，资源闲置，企业经营效益明显下降，给中国物流业发展带来巨大的压力。

据中国物流与采购联合会发布的"2010 中国物流企业 50 强排名"显示，前 50 强物流企业主营业务收入达 4506 亿元，比 2005 年增长 26%。其中，中国远洋运输（集团）总公司主营业务收入超过千亿元，中国外运长航集团有限公司等 8 家企业主营业务收入超过百亿元，所有 50 强企业主营业务收入均超过 10 亿元。这些企业的物流配送过程是国内领先的，但是与世界领先的物流企业相比，依然有很大的提升空间。

导致物流企业成本居高不下的原因主要有以下 3 方面。

（1）社会因素：政府对物流公共基础设施投资不足。对于公共基础设施的建设，政府应承担大部分推动责任，但是目前中国尚未建立高效便捷、能力充分、衔接顺畅、布局合理的物流园区与综合物流交通运输体系，交通运输基础设施存在着严重的城乡与地区差异。物流园区缺乏公益性支持，政府扶持力度小，在很多地方的物流园区规划中，不是从满足企业提高物流运作效率、降低成本的需求，进而提升城市整体经济运行效率公共信息平台的缺失增加了物流企业及时获取信息的成本的角度来发展物流行业，而是求大求全，单纯地为政绩而建物流园区。因此，很多物流园区并没有在物流运输网络中起到应有的作用。企业如果应用现有的园区，不能达到所需要的要求，反而会增加企业的运输仓储成本等。因此，企业往往需要在自建物流体系上花费大量投资，造成企业物流成本过高，影响企业的发展。

（2）企业自身因素：发展理念落后。目前中国物流行业的集约化和组织化程度比较低，第三方物流仍处于初级发展阶段，物流企业规模大小不一、管理水平参差不齐，普遍存在"散、多、乱、小、差"的问题，物流市场"需求不足"和"供给不足"的问题同时存在。物流企业之间缺乏有效的合作与整合，忽视了规模经济效应，不能充分利用资源，如很多企业的运输设备的空载率很高，运输线路的分配也不合理。很多物流企业在进行物流服务时没有考虑物流服务的系统性和整体性，仅从局部入手，忽视了能够降低成本的隐形环节，只把注意力集中在降低成本的显性环节上。没有结合中国实际国情来进行统一服务设计。比如说，中国的很多产业有明显的集聚现象，服务一家企业的同时可以考虑为集聚范围内的多家企业同时提供服务，来进行整体的规划，充分利用空置资源。

（3）体制因素：市场规范程度落后。中国的物流市场规范程度有待于进一步加强。目前中国的物流企业合法注册登记的大约有400万家，非法营运的则不计其数，但是每个企业的规模都不大，即使是中国前5家最大的物流公司的年营业额总和也还不到整个行业总额的2%。而全美国的物流企业总数大约才只有6000多家，前5家最大的物流公司的年营业额总和大约占全美物流行业总额的40%。物流管理部门各自为政，难以形成统一的市场规范条例。目前的物流运营平台如公路、铁路、水路、航空分别属于不同的部门管理，他们之间的物流系统没有很好地衔接整合，因此企业不能科学经济地来利用成熟有效的物流网，比如充分利用多式联运等，来降低自己的物流费用。

　　另外，高昂的物流管理费用也增加了企业的物流成本。运输过程中的路桥费、管理费用、证件费等费用占物流总成本的比例高达1/3。近几年油价的上升，通货膨胀和劳动力成本的上升更增加了企业的物流成本，企业面临的经营压力越来越大。名目繁多的税种会让企业普遍存在重复纳税的现象，也给企业带来了很大的成本负担。

　　如果采用更先进的物流配送模式，将会给这些物流企业带来几千万，甚至几个亿的利润提升。目前，在中国大部分的物流企业中，信息技术的应用还不够广泛，很多工作都是通过人工操作完成，导致无法快速组织配送，这种模式不仅增加了物流成本，还大大降低了服务质量。

　　货物运输主要依靠铁路、水运、航空和公路，公路货运以其成本低、门槛低、方便快捷及运营机制灵活等优点，在货运市场中占据了很大份额。中国属于大陆型国家，幅员辽阔、内陆深广，且资源分布与工业布局严重不平衡。中国资源主要集中在北部和西部，加工业主要集中在东部和南部。面对这样的格局，中国的货物运输市场也形成了自身的特色。目前，中国运距在800公里以上的中长距离货物运输或800公里以内的大宗货物运输主要由铁路和水运承担，800公里以内的大区域内部的整车运输和零担运输主要由公路运输承担。2010年，中国全年货物运输总量320亿吨，其中公路货物运输总量达242.5亿吨，占总量的75.7%。2010年，中国全年货物运输周转量13.73万亿吨，其中公路货物运输周转量达4.3万亿吨，占总量的31.3%。随着国家高速公路网的迅速发展，公路货运已经成为影响中国物流运输成本的关键环节。

　　在全世界发达国家，箱式货车与集装箱拖车已经成为公路货运的主要装备，占公路货运量的90%，成为衡量一个国家交通运输综合水平的重要标志。采用这种运输方式可提高运输效率30%~50%，成本降低30%~40%，油耗下降20%~30%。目前，中国货运车辆运力结构不合理，车辆总体水平不能适应公路特别是高等级公路的发展。货运车辆以中型普通敞篷货车为主,高效低耗的重型货车、箱式货车、集装箱拖挂车和各类特种专用汽车所占比重低。截至 2000 年,全国民用汽车保有量为 1609 万辆,其中从事道路运输的汽车为 570 万辆,在 440 万辆货车中有 430 万辆普通载货汽车,占货车总数的 98%,而集装箱拖挂车、零担车、大件运输车、罐车及冷藏车等专用汽车 9.9 万辆,仅占 2%。在美国,汽车货运量中,70% 使用专用货车运输。

发展物流业的核心任务是优化物流系统,最大限度地提高物流效率,最大限度地降低物流成本。物流系统包括运输、配送、仓储、装卸、搬运、包装、流通加工及信息处理等基本环节。运输是物流系统的一大支柱,物流运输业逐步成为当前的热门行业之一。中国物流与采购联合会的报告显示,运输费用占社会物流总费用的50% 以上。表 1 – 2 给出近五年社会物流总费用中各部分与 GDP 的比率,从表 1 – 2 中可看出,运输费用一直是影响社会物流总费用的重要因素。要实现降低物流总成本的目标,就必须有效地控制运输成本。因此,研究运输的相关理论和方法对降低物流总成本有着非常重要的现实意义。

表 1 – 2　　　　　近五年社会物流总费用统计

年份	社会物流总费用（万亿元）	运输费用与 GDP 比率（%）	保管费用与 GDP 比率（%）	管理费用与 GDP 比率（%）	总费用与 GDP 比率（%）
2006	3.8	10.0	6.0	2.4	18.4
2007	4.7	9.8	6.0	2.4	18.2
2008	5.7	9.5	6.3	2.3	18.1
2009	6.08	10.0	5.9	2.2	18.1
2010	7.1	9.5	6.0	2.3	17.8
2011	8.4	9.3	6.1	2.1	17.8
2012	9.4	9.4	6.3	2.3	18.1
2013	10.2	9.5	6.4	2.3	18.0

资料来源:中国物流与采购联合会,《中国物流发展报告》(2010～2011)。

"十五"规划要求发展厢式货车、集装箱拖挂车,特别是 8 吨以上的多轴重载大型汽车,从而改善货运车辆结构。不仅为外贸服务,也为内贸服务,特别是物流活动中的门到门服务。改善货运车辆结构不仅需要投入大量高效低耗的车辆装备,还需要有先进物流理论的支持。研究适应高效低耗货运车辆的物流配送理论,能够大力促进货运车辆运力结构的改善,从而大幅度提高运输效率、降低物流成本。否则,如果盲目增加大型车辆的数量,而不加强整体物流配送的科学化管理,则会造成大量浪费和成本攀升。目前,国内外关于厢式货车、集装箱挂车物流配送理论的研究还比较缺乏。

第二节 本书框架

本书第一章为中国物流业现状介绍。首先,从现代物流在国民经济中的地位出发论述了选题背景和选题意义。其次,介绍从物流环节中抽象出来的两个科学问题——"车辆路径问题"和"装箱问题",并引出这两个科学问题联合起来进行优化的问题。最后,介绍本书的章节安排和研究框架。

本书第二章为文献综述部分。首先,研究车辆路径问题相关研究文献,总结车辆路径问题的分类及整体研究现状。其次,研究装箱约束车辆路径问题相关研究文献,详细描述了考虑二维装箱约束的车辆路径问题和考虑三维装箱约束的车辆路径问题,并全面总结这两个问题的研究现状。最后,总结装箱约束车辆路径问题的求解思路和求解算法。

本书第三章为混合车辆路径问题模型的建立及求解部分。首先,研究考虑多车场、多车型、多产品的混合车辆路径问题,并建立相应的数学模型。其次,研究模糊遗传算法的基本原理和实现方法,并提出一个新的模糊逻辑控制器,在此基础上设计一种新的模糊逻辑遗传算法。最后,通过一系列数值试验检验算法性能,并针对混合车辆路径问题模型设计一个仿真试验进行测试。

本书第四章为考虑随机需求车辆路径问题模型的建立及求解部分。首先，研究考虑随机需求的车辆路径问题，并建立相应的数学模型。其次，研究免疫算法和遗传算法的基本原理和实现方法，深入分析两种算法的优缺点，并在两种算法的基础之上提出一种新的免疫遗传法。最后，分析免疫遗传算法的收敛性和复杂性，并通过一系列数值试验检验算法的性能。

本书第五章为智能优化算法概述。首先，介绍最优化问题的基本概念。其次，介绍函数优化问题和组合优化问题这两个较为常见的最优化问题。最后，分别介绍了遗传算法、禁忌搜索算法、模拟退火算法、蚁群算法以及粒子群算法的概念、原理和算法流程等。

本书第六章为考虑装箱问题的混合车辆路径问题是考虑装箱问题的车辆路径问题和混合车辆路径问题的结合，本章先研究混合车辆路径问题。将多车场、多车型和多产品等因素同时融入物流配送的车辆路径选择问题中，研究能够实现系统整体最优化的模型和方法。

本书第七章为考虑三维装箱约束车辆路径问题模型的建立及求解部分。首先，研究考虑三维装箱约束的车辆路径问题，并建立相应的数学模型。其次，提出遗传算法和引导式局部搜索算法相结合的混合启发式算法进行求解，本书详细介绍了混合启发式算法的设计原理和实现步骤。最后，通过一系列数值试验检验算法的性能。

本书第八章为带二维装箱约束的车辆路径优化问题研究，提出一种基于优先级排序策略的启发式装箱算法，将路径优化与装箱同时考虑，并通过面积收缩系数进行调节，达到装箱与路径的协同优化。本书第九章在第八章的基础上，设计了自适应遗传算法，对第八章的讨论进行了扩充和优化。

本书第十章为考虑三维装箱约束多车场车辆路径问题模型的建立及求解部分。首先，以前几个章节的研究内容和结果为基础，进一步研究考虑三维装箱约束的多车场车辆路径问题，建立相应的数学模型。其次，提出混合遗传算法和引导式局部搜索算法相结合的混合启发式算法进行求解，本书详细介绍了混合启发式算法的设计原理和实现步骤。最后，通过一系列数值试验检验算法的性能，并针对考虑三维装箱约束多车场车辆路径问题模型设计一个仿真试验进行测试。

　　本书第十一章为考虑三维装箱约束的多车场车辆路径问题模型及算法，研究三维装箱约束车辆路径问题的基础之上，考虑多配送中心的情况，建立考虑三维装箱约束多配送中心车辆路径问题的混合数学模型。

第二章

车辆路径问题研究现状

丹齐戈等（Dantzig et al.）描述了一个将汽油送往各加油站的实际物流配送问题，首次建立相应的数学规划模型并提出求解算法，将现实的生产活动和运筹学理论研究联系起来；在该文中，作者描述了如何以最低成本将汽油送到各个加油站，同时建立了对应的数学模型，提出了求解算法（Dantzig，Ramser，1959）。随后，1964 年，克拉克和莱特（Clarke，Wright）改进了 Dantzig 的方法，提出更有效的 C－W 节约算法，该算法为解决车辆路径问题提供了一个简单易行的途径，但由于当时车辆路径问题还未衍生各种具体约束，故传统的节约算法无法直接应用于现今的车辆路径问题（Clarke，Wright，1964）。车辆路径问题（Vehicle Routing Problem，VRP）是指对一系列发货点（或收货点），组成适当的行车路径，使车辆有序地通过它们，在满足一定约束条件的情况下，达到一定的目标（诸如路程最短、费用最小，耗费时间尽量少等）。属于完全 NP 问题，在运筹、计算机、物流、管理等学科均有重要意义。在这两篇开创性的论文发表之后，车辆路径问题很快引起运筹学、组合数学、应用数学、图论与网络分析、计算机应用及物流工程与管理等领域专家的极大重视，成为运筹学和组合优化领域的经典和热点问题。现实生活中，很多实际的问题都可以理论抽象为 VRP，如飞机、船舶、公共汽车等的调度问题，邮递员、货郎担问题等投递问题；VRP 的研究成果也可以广泛地服务于物流配送、运筹学、交通工程、管理科学、计算机和图论等多个领域，作为 NP – hard 组合优化典型问题，具有很强的应用基础。

1983 年，博丁和戈尔登等（Bodin, Golden et al.）对车辆路径问题的研究进展进行综述，对 VRP 研究的进展和发展趋势进行了详细的介绍和全面的分析（Raff, 1983）。2009 年，埃克西格鲁、乌拉尔和里斯曼等（Eksiogu, Vural, Reisman et al.）介绍 VRP 的最新研究状况，分类回顾 VRP 研究中的代表性成果（Eksioglu, Vural, Reisman, 2009）。20 世纪六七十年代，VRP 的研究成果主要在设计算法及直接应用两个方面（Eilon, Watson – Gandy, Christofides, 1971；Raff, 1983）。到了 80 年代，对 VRP 的研究拓展到复杂模型的建立和相应算法的设计，代表的成果有：所罗门（Solomon）于 1983 年在其博士学位论文中提出带时间窗的 VRP 模型及求解算法（Solomon, 1984）。90 年代，随着微型计算机处理能力的大幅提升，学者们研究出了许多复杂模型和算法，主要是引入启发式算法，大大提高了 VRP 的求解速度（Larsen, Madsen, Solomon, 2002；Liu, Shen, 1999；Osman, Laporte, 1996；Rego, Roucairol, 1995）。到了 21 世纪，对 VRP 的研究变得更加多样化，很多文献开始研究带有动态性、不确定性的车辆路径问题，取得了大量的研究成果（Mendoza, Castanier, Guéret, Medaglia, Velasco, 2010；Tang, Pan, Fung, Lau, 2009；Zheng, Liu, 2006）。国内对 VRP 的研究起步较晚，但是进入 21 世纪之后发展非常迅速，李军和郭耀煌对中国的 VRP 研究状况做了一些介绍（李军，郭耀煌，2001）。

第一节 车辆路径问题描述

经典的 VRP 可以描述为：某个地区分布着一定数量的客户，

每个客户都有不同数量的货物需求（送货需求或取货需求）；配送中心拥有一定数量的车辆，负责向客户提供服务；选择合适的车辆分配方案及行车路线，保证所有客户的需求都能得到满足；实现车辆行驶总路程最短或车辆行驶总成本最小的目标。图 2－1 给出一个车辆路线方案。

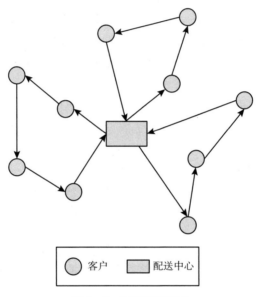

图 2－1　车辆线路安排

　　VRP 可以描述为图论问题。令 $G=(U, A)$ 表示无向完全图，其中 $U=\{0, 1, \cdots, n\}$ 表示顶点集，$A=\{(i, i')\mid i, i'\in U, i\neq i'\}$ 表示弧集。顶点 $i=1, 2, \cdots, n$ 代表客户，每个客户都有固定的非负货物需求 d_i，弧 $(i, i')\in A$ 代表客户之间的距离，通常也作为从 i 到 i' 的成本 $c_{ii'}$。对于所有的顶点 $i, i'\in U$，如果它们互相之间的距离都满足 $c_{ii'}=c_{i'i}$，那么该问题称为对称 VRP，否则称为非对称 VRP。一般情况下对于 $i''\in U$，有 $c_{ii''}+c_{i''i'}\geqslant c_{ii'}$。VRP 的解空间由

简单回路集合组成，每个简单回路表示一条最短路线。目标是求所有简单回路弧长之和最小，并且满足以下约束：每个回路都包括0，即配送中心；每个顶点 $i \in U \backslash \{0\}$ 都只存在于一条回路中；每条回路上所有顶点需求之和不能超过一辆车的载重 D。

第二节 车辆路径问题分类及研究现状

VRP 由以下几个部分组成：配送中心、客户、车辆、道路、约束条件及目标。根据不同的实际问题，VRP 模型的各个部分可以进行相应的改进，从而建立符合不同实际问题的数学模型。建立新模型是 VRP 的主要研究内容之一。目前，许多 VRP 模型被提出以解决实际问题，下面按照 VRP 的各个部分将这些模型进行分类。

一、按配送中心分类

按配送中心的数量可以将 VRP 分为单配送中心 VRP 和多配送中心 VRP。多配送中心车辆路径问题（Multi – Depot Vehicle Routing Problem，MDVRP）中有分布在不同位置的多个配送中心，每个配送中心都有一定数量的车辆，服务客户的车辆可以从任意配送中心出发，通常以所有配送中心所有车辆行驶总路程最小为目标。1972年，卡西迪和班尼特（Cassidy，Bennett）研究学校日常送餐的线路安排，建立的 MDVRP 模型经过求解测试后应用于伦敦南部地区的学校（Cassidy，Bennett，1972）。1992 年，敏和克伦特等（Min，Current et al.）研究带回程取货的 MDVRP 问题，模型分 3 步进行求解：首先，采用一种限量聚类方法将客户和卖主进行聚类；其次，为聚类后的客户安排配送中心和车辆，采用 0—1 整数规划求解；最后，把每个聚类后的问题看成不对称旅行商问题（Asymmetric Traveling Salesman Problem，ATSP）进行求解（Min，Current，Schilling，Current，1992）。1997 年，萨尔西和莎莉（Salhi，Sari）

研究混合车队 MDVRP 问题，采用多层次混合启发式算法进行求解，并使用两个指标来减少误差，提高其效率，通过数值测试得出该算法的计算结果较好，但所消耗的时间较长（Salhi, Sari, 1997）。2005 年，纳吉和萨尔西（Nagy, Salhi）研究装卸一体的 MDVRP 问题，采用路线结构启发式算法进行求解，并提出加入惩罚因子和交互式更新两种改进策略以提高算法性能（Nagy, Salhi, 2005）。2007 年，克雷维尔和科尔多等（Crevier, Cordeau et al.）研究车辆可中途补充货物的 MDVRP 问题，提出带有适应性记忆规则的禁忌搜索算法的方法进行求解（Crevier, Cordeau, Laporte, 2007）。2012 年，郭和王（Kuo, Wang）研究考虑装载成本的 MD-VRP 问题，提出一种变邻域搜索算法，算法的可行解接受策略类似于模拟退火算法（Kuo, Wang, 2012）。

　　国内也有许多学者研究多配送中心车辆路径问题。2006 年，郎茂祥研究多配送中心车辆调度问题，在对多配送中心车辆调度问题进行直观描述的基础上，建立了该问题的数学模型，模型求解时先按距离最近原则将客户按多个配送中心进行分解，然后采用禁忌搜索算法针对每个配送中心进行求解，采用距离最近分配法将多配送中心车辆调度问题分解为多个单配送中心车辆调度问题进行求解的策略。基于求解单配送中心车辆调度问题的禁忌搜索算法，设计了求解多配送中心车辆调度问题的算法（郎茂祥，2006）。2009 年，刘冉、江志斌等人研究多配送中心满载协同运输问题，认为多车场满载条件下的协同运输问题属于 NP – hard 难题。在分析此问题和 MDPDP 以及 MDARP 区别的基础上，考虑车辆最大行驶距离的约束条件，建立了此类问题的数学模型。为了有效求解实际大规模的多车场满载协同运输问题，提出基于贪婪算法的两阶段启发式算法进行求解，该算法第 1 阶段形成完全覆盖运输任务弧的回路集，第 2 阶段组合连接回路，构造形成起止于车场的闭通路。最后，利用局域搜索对求得的解改进以得到最终解（刘冉等，2009）。2010 年，王晓博和任春玉研究多配送中心装卸一体化的车辆调度模型。为满足电子商务客户多样化和个性化的需求，建立多车场一体化装卸混合车辆调度模型。针对模型的特点，提出利用模拟退火算法的Boltzmann机制控制遗传算法交叉、变异操作的混合算法进行求解，控制遗传算法的交叉、变异操作，加强染色体的局部搜索能力，提高了算法的收敛速度和搜索效率（王晓博，任春玉，2010）。2010年，王旭坪和吴绪等人研究运输过程中因车辆毁坏而产生运力受干扰的MDVRP问题，基于干扰管理思想提出了解决问题的扰动恢复策略与实施方案。在扰动度量的基础上，设计了多车场车辆调度扰动恢复策略，建立相应的干扰管理模型。针对多车场车辆调度干扰管理问题的特有属性，设计了一系列求解简化策略，有效简化了问题的求解空间。结合干扰管理模型的特点，采用先简化求解空间后用遗传算法计算的求解方法（王旭坪等，2010）。

按配送中心与车辆的关系可以将VRP分为封闭式VRP和开放式VRP。封闭式VRP与传统VRP一样，车辆属于配送中心，从配送中心出发，服务完所有客户之后返回原配送中心。开放式VRP（Open Vehicle Routing Problem，OVRP）中，车辆不属于配送中心，服务完所有客户之后不需要回到原配送中心。通常OVRP中的物流配送过程由第三方物流公司承担，第三方物流近年发展非常迅速，这方面的学术研究也有丰硕成果。OVRP模型由沙利克里斯和鲍威尔（Sariklis，Powell）在2000年首次提出，他们建立了基本的OVRP模型，并提出带有惩罚步骤的最小生成树算法进行求解（Sariklis，Powell，2000）。2004年，布兰道（Brandão）提出最近邻域算法产生初始解的禁忌搜索算法求解OVRP模型（Brandão，2004）。2005年，泰瑞提里斯和约安努等（Tarantilis，Ioannou et al.）提出一种利用一系列阈值引导局部搜索的单参数启发式方法求解OVRP模型（Tarantilis，Ioannou，Kiranoudis，Prastacos，2005）。2010年，扎哈里亚季斯和齐拉诺齐斯（Zachariadis，Kiranoudis)提出一种在解空间广泛进行局部搜索的启发式算法求解OVRP模型,加入禁忌和惩罚策略以避免算法陷入局部最优解(Zachariadis,Kiranoudis,2010)。2010年,雷普西斯和泰瑞提里斯等(Repoussis,Tarantilis et al.)提出一种新的混合进化算法求解OVRP模型,算法采用带有轨道式记忆功能的局部搜索对子代个体进行改良(Repoussis,Tarantilis,Bräysy,Ioannou,2010)。2012年,刘和姜(Liu,Jiang)研究封闭式和开放式混合的车辆路径问题,封闭式和开放式混合的车辆路径问题不同于传统的车辆路径问题,是同时针对解决问题的打开和关闭的路线。混合路径问题的目标是最小化固定操作打开和关闭通道的可变成本。刘和姜建立混合整数规划模型并采用文化基因算法(Memetic Algorithm,MA)求解(Liu,Jiang,2012)。

2004年,中南大学的符卓教授较早将OVRP引入国内,对另一种类型的车辆路径问题——开放式车辆路径问题,研究了带装载能力约束的OVRP问题,并采用禁忌搜索算法进行求解。开放式车辆路径问题(OVRP)存在于物流配送、铁路、道路和航空等运输服务的运输路线编排问题中,符卓在对OVRP进行讨论的基础上,提出了一个求解带装卸能力约束的OVRP(COVRP)的禁忌搜索算法,并且用本算法对7个问题的测试算例进行求解,并与现有文献中用经典启发式算法计算的结果进行比较,其中有6个问题得到了更好的最终解(符卓,2004)。2008年,李相勇和田澎等人研究了开放式车辆路径问题,该问题中车辆在服务完最后一个顾客点后不需要回到车场,若要求回到车场,则必须沿原路返回,提出一种在超立方框架下的蚁群算法和禁忌搜索算法结合的混合算法求解OVRP模型,提出了一种混合蚁群优化算法,该算法主体是一个在超立方框架下执行的MAX – MIN 蚂蚁系统,算法混合了禁忌搜索算法作为局部优化算法,同时算法集成了一个后优化过程来进一步优化最优解。并将该算法与同文献中其他算法的性能进行了比较,计算结果表明该文章提出的算法是一个有效的求解开放式车辆路径问题的算法（李相勇，田澎，2008）。2008年，李延晖和刘向研究沿途可补货的OVRP问题，针对大区域多仓库多需求点的物流配送系统，建立了基于沿途多点补货策略的开放式车辆路径问题模型，强化了区域之间物流资源的整合和配送路径的跨区域优化。根据该模型需货车沿途多次访问仓库补货的特点，提出了带补货控制因子的蚁群算法。利用补货控制因子对仓库和需求点的区别赋权，控制了货车对仓库的访问时机和次数，从而解决了多仓库且车辆装载能力有限的开放式配送网络中货车沿途补货的问题（李延晖，刘向，2008）。传统的开放式车辆路径问题假设客户的需求不可拆分、车辆类型相同，但在实际的物流配送中，车辆类型不完全相同，对需求的拆分能充分利用车辆的装载能力，降低运输成本。2011年，李三彬和柴玉梅等人建立需求可拆分的OVRP模型，给出整数规划的数学模型，并采用禁忌搜索算法进行求解，改进算法中初始解和邻域结构的产生过程（李三彬，柴玉梅，王黎明，2011）。

二、按客户分类

客户，也称为顾客、用户，通常包括分仓库、零售商店。客户属性包括需求（或供应）货物的数量、需求（或供应）货物的时间及需求（或供应）货物的满足程度等。

从客户需求服务类型的角度可以将VRP分为纯送货（取货）VRP和取送货一体化VRP，以及带回城取货的VRP。1989年，学者首次提出带回程运货的车辆路径问题（Vehicle Routing Problem with Backhauls，VRPB），建立VRPB模型并提出一种两阶段算法进行求解，VRPB要求每条线路上在送货服务全部完成之后才开始取货服务（Goetschalckx，Jacobs－Blecha，1989）。1997年，托特（Toth）和维戈（Vigo）研究了有回路的车辆路径问题，将车辆路径问题的客户分成两部分，首先是长途，设定或交付，客户，其次是回程，设定或拾取，客户，该文章中，在一个统一的框架，研究对称和非对称版本的车辆回程路径问题，提出采用分枝定界法求解 VRPB 模型（Toth，Vigo，1997）。1999 年，名戈齐和乔治（Mingozzi，Giorgi）建立一种新的 VRPB 规划模型，并提出先采用启发式算法求解出模型解的上下边界，再用精确算法求解问题的精确解，数值试验表明当客户数达 100 个的时候，该算法依然有较为优秀的表现（Mingozzi，Giorgi，Baldacci，1999）。2006 年，塔瓦库利 - 哈丹和萨瑞米等（Tavakkoli - Moghaddam，Saremi et al.）研究了有回程的车辆路径问题，在这个问题中，消费者被分为了直线消费者和回程消费者两个群，在该文章中，采用 Memetic 算法求解 VRPB 模型，并提出 4 种局部搜索策略以加强算法的局部搜索能力（Tavakkoli - Moghaddam，Saremi，Ziaee，2006）。2006 年，蒙塔内和加尔沃（Montane，Galvao）采用禁忌搜索算法求解 VRPB 模型，并提出 3 种线路间调整策略和 2 种新生解保留策略（Alfredo Tang Montané，Galvao，2006）。2012 年，扎哈里亚季斯等（Zachariadis et al.）提出一种局部搜索算法求解 VRPB 模型，该算法需要大量的初始解，并需要对初始解的邻域进行广泛搜索，为了加快计算速度提出静动标识符（Static Move Descriptor，SMD）标记每个局部移动，通过计算每个标识符的评价值来判断是否接受该局部移动，为了避免陷入局部最优及维持搜索多样性，引入禁忌搜索算法中应用到的自由变量机制（Zachariadis，Kiranoudis，2012）。

近几年，国内也有一些 VRPB 方面的研究成果。2007 年，孙小年和陈幼林等人针对装卸混合的车辆路径问题这一类典型的 NP 难题，提出一种四位基因编码的遗传算法求解 VRPB 模型，采用四位数的遗传编码，并对解的可行性进行验证，该算法能够有效降低对交叉算子和变异算子的要求，提高解的质量（孙小年，陈幼林，杨东援，2007）。2009 年，为提高集送货问题的求解效率，曹剑东和郑四发等人提出一种新的同步优化算法求解 VRPB 模型，先以非精确的混合距离矩阵代替里程矩阵为输入变量，然后将计算结果返回输入端动态更新混合距离矩阵，反复迭代直至满足优化目标，通过以 40 个遍布于北京的客户构成的集送货问题为例，用该算法进行了求解，并与传统异步优化算法的优化结果进行对比，结果表明同步优化快速算法能够在精度降低 4.92% 的情况下，比传统异步算法节省 40% 的计算时间，适用于实时性要求很高的动态调度（曹剑东，郑四发，王建强，连小珉，2009）。2009 年，曹二保和赖明勇整合前向物流和逆向物流，提出带时间窗的同时送货和取货的车辆路径问题（VRP – SDPTW）的混合整数规划数学模型，提出带时间窗的 VRPB 混合数学模型，并采用改进的差分进化算法进行求解，当基因值超过规定的范围时，设计基于整数序规范的辅助算子解决变异问题，设计一种随进化代数自动更新的交叉率，算法设计非可行解惩罚机制以加速搜索速度（曹二保，赖明勇，2009）。在日益激烈的市场竞争中，如何在降低成本的同时，让各个顾客尽快收到货物成了现代交通运输物流中一个越来越重要的考虑因素。2010 年，基于某快递公司的运输实例，余明珠和李建斌等人提出了装卸一体化的车辆路径问题模型，最终优化目标是最小化车辆运输时间和货物到各个顾客的时间的加权和，并给出了一种基于插入法的新禁忌算法，实验结果表明新禁忌算法在显著提高传统禁忌算法计算时间的同时，还能得到理想的成本，并且对节约快递公司的运输成本方面有显著成效（余明珠，李建斌，雷东，2010）。2010 年，李建和达庆利等人研究了配送车辆数和车辆工作时间内有限的多车次同时集散货物路线问题，建立多车次同时集散货物的 VRPB 模型，提出带 4 种邻域搜索方法和重启策略的禁忌搜索算法进行求解，路线分配采用了初次分配和二次调整策略（李建，达庆利，何瑞银，2010）。

从客户需求是否能够被分割的角度可以将 VRP 分为需求不可分割 VRP 和需求可分割 VRP。1989 年，德罗尔和特鲁多（Dror，

Trudeau）首次提出客户需求可分割的车辆路径问题（Vehicle Routing Problem with Split Deliveries，VRPSD），客户需求可以分割开来由几辆车共同服务，大量的仿真试验表明采用该模型安排车辆路线使得调用车辆总数或车辆行驶总费用能够有效缩减（Dror，Trudeaut，1989）。1994 年，德罗尔、拉波多特、特鲁多（Dror，Laporte，Trudeau）采用分枝定界法求解 VRPSD 模型，数值试验结果表明，对于生成树节点上下界之间的间隔，VRPSD 模型的结果要显著小于 VRP 模型的结果（Dror，Laporte，Trudeau，1994）。2007 年，金和刘等（Jin，Liu et al.）提出一种带有效不等式的两阶段算法求解 VRPSD 模型，第一阶段在不考虑运输距离和成本的情况下把货物需求分配到每个车辆，第二阶段对每辆车及其负责配送的货物进行旅行商问题（Travelling Salesman Problem，TSP）求解，在第一阶段中加入一些有效的不等式以加快计算速度（Jin，Liu，Bowden，2007）。2008 年，金和刘提出一种列生成算法求解 VRPSD 模型，其中带二进制编码的列生成算法求解货物分配到车辆的主问题，采用边界约束搜索算法求解每条线路最小运输成本的子问题（Jin，Liu，Eksioglu，2008）。2010 年，莫雷诺和阿拉冈（Moreno，Aragao et al.）提出列生成算法和切割生成算法相结合的下界算法求解 VRPSD 模型（Moreno，de Aragão，Uchoa，2010）。2010 年，戈尔登等（Golden et al.）认为把客户的需求进行分割配送会降低客户的满意度（客户需要多次收货），因此提出一种只允许客户需求中最小部分由其他车辆配送的 VRPSD 模型，并提出改进的 C – W 节约法进行求解（Gulczynski，Golden，Wasil，2010）。

国内在 VRPSD 方面研究成果较少，而且结合其他约束的混合模型较多。物流运输中的车辆路径问题历来是一个重要的理论和实际问题，2007 年，侯立文和谭家美等人在同时考虑客户需求可分以及客户方和配送中心时间窗限制的前提下，重新构造了问题模型，研究带时间窗的 VRPSD 模型，并提出改进信息素更新策略和新转移概率计算公式的蚁群算法进行求解（侯立文，谭家美，赵元，2007）。2010 年，杨亚璪和靳文舟等人研究集送货一体化的 VRPSD 模型，提出一种三阶段启发式算法进行求解，第一阶段求满载集送货下的车辆数和车辆路线，第二阶段求完成剩余任务量的车辆数和车辆线路，第三阶段合并车辆线路（杨亚璪，靳文舟，郝小妮，田晟，2010）。为解决实际配送运输中的车辆路径问题（Vehicle Routing Problem，VRP），通过改进传统的数学模型，解除每个客户需求只能由 1 辆车配送的约束，2010 年，孟凡超和陆志强等人提出一种改进的禁忌搜索算法求解 VRPSD 模型，算法采用改进的最优插入算法生成初始解，并采用动态自适应变化策略改进邻域搜索操作（孟凡超，陆志强，孙小明，2010）。2011 年，李三彬和柴玉梅等人研究需求可拆分的开放式车辆路径问题，并提出一种改进初始解生成过程和邻域搜索策略的禁忌搜索算法进行求解（李三彬，柴玉梅，王黎明，2011b）。

三、按车辆分类

车辆是货物的运载工具。车辆属性主要指的是车辆类型，包括车辆的最大装载重量、最大装载容积、最大行驶距离限制等。从车辆属性角度将 VRP 分为有无车辆装载容量限制、有无行驶里程限制和是否固定车辆数等，这方面的研究大部分融合在其他问题之中，关于这方面的研究状况暂不作介绍。

按车辆载货状况将 VRP 分为满载 VRP 和非满载 VRP。通常 VRP 模型的目标是实现总运输成本最小，因此所研究的问题均是在车辆满载状况下，如果车辆未满载将会浪费一定的运力。随着市场竞争日益加剧，客户对配送的时间要求提高，为了获得更高的客户满意度，在竞争中占据有利地位，要求厂家以提高运输成本来加快配送速度。由此产生了非满载 VRP 问题。通常这类问题是结合时间窗约束进行研究的，关于这部分的介绍将在后面给出。

按车辆类型可以将 VRP 分为单车型 VRP 和多车型 VRP。传统 VRP 问题中完成配送任务的车辆均为同一类型，即相同型号、相同规格。随着物流配送服务，特别是第三方物流配送业务的发展，配送中心经常会有不同型号的车辆可供选择。针对同一个物流配送实际问题，选择不同型号的车辆进行多层次配送会显著降低总成本。比如，距离远、分布散、货物需求量大的客户使用大车进行配送，距离近、分布密、货物需求量小的客户使用小车进行配送。2001年，陈和卡特等（Chan，Carter et al.）研究多车场、多车型的车辆路径问题，并提出三维空间填充曲线算法和 C－W 节约法结合的启发式方法进行求解（Chan，Carter，Burnes，2001）。2010 年，阿吉和让德罗（Azi，Gendreau et al.）研究带时间窗的多车型 VRP 模型，并提出一种分枝定价法进行求解，其中线性规划解的下界由列生成算法实现，定价算法求解资源约束下的基本最短路径子问题（Azi，Gendreau，Potvin，2010）。2006 年，钟石泉和贺国光针对物流配送中的多车场车辆调度问题提出了两种多车场的处理方法，介绍了多车场车辆调度问题中容量、时间窗、多车型等多种约束的处理方法，研究带时间窗的多车场、多车型 VRP 模型，提出包括局部禁忌表和全局禁忌表的禁忌搜索算法进行求解（钟石泉，贺国光，2006）。2008 年，杨元峰研究多车场、多车型 VRP 模型，提出一种模拟退火遗传算法进行求解，利用模拟退火算法的 Boltzmann 机制控制遗传算法的交叉、变异操作（杨元峰，2008）。2010 年，针对客户多样化和个性化的需求，王晓博和李一军研究单配送中心、多车型的 VRP 模型，提出爬山法、禁忌搜索算法与遗传算法相结合的混合遗传算法进行求解，首先，采用自然数编码，可以使问题变得更简洁；用最佳保留选择法，以保证群体的多样性；用改进的顺序交叉算子保证算法能够收敛到全局最优；引入 2－交换变异策略，并结合爬山算法，加强染色体的局部搜索能力；其次，对遗传算法求得的精英种群再进行禁忌搜索（王晓博，李一军，

2010）。

四、按道路分类

道路的属性主要包括行驶方向、权值及交通流量限制等。道路按行驶方向分为单向行驶和双向行驶。道路的权值包括收费道路或路况较差的道路等，主要影响车辆行驶成本及车辆行驶时间。交通流量限制在城市物流中出现的频率较高，一方面城市中很多道路容易出现拥堵；另一方面城市里的有些区域限制某些货车及其他一些特殊车辆的出入。

道路的属性影响车辆在道路上行驶的经济成本和时间成本。令 c_{ij} 表示车辆从节点 i 行驶到节点 j 的成本，令 c_{ji} 表示车辆从节点 j 行驶到节点 i 的成本。若 $c_{ij} = c_{ji}$，则称为对称 VRP；若 $c_{ij} \neq c_{ji}$，则称为非对称 VRP。车辆行驶成本不对称的情形最早在 TSP 的研究中出现（Fischetti，Toth，1992）。1999 年，托特和维戈（Toth，Vigo）研究集送货一体化的 VRP 问题，同时考虑对称和非对称路径下的模型，并提出一种先聚类后安排路线的两阶段启发式算法进行求解（Toth，Vigo，1999）。为满足某些生产制造企业的满载运输需求，2011 年，孙国华针对运输任务对车辆具有独占性的特点，分析得到总运输费用的大小取决于车辆的空车行驶费用，在此基础上，将带软时间窗的开放式满载车辆路径问题转化为带软时间窗的多车场开放式车辆路径问题，在非对称图上建立了相应的数学模型，并提出近邻粒子群算法进行求解（孙国华，2011）。

五、按约束条件分类

按是否考虑时间约束可以将 VRP 分为带时间窗 VRP 和不带时间窗 VRP。带时间窗 VRP 对到达客户的最早和最晚时间有约束，其中根据约束满足的程度分为带软时间窗 VRP 和带硬时间窗 VRP，带软时间窗 VRP 对过早或过晚到达客户的情况给予一定惩罚，而带硬时间窗 VRP 把过早或过晚到达客户的车辆路径安排方案归为非可行方案。自从所罗门（Solomon）提出带时间窗的车辆路径问题（Vehicle Routing Problem with Time Window，VRPTW）之后，关于 VRPTW 模型和算法的研究均取得了很多成果。1987 年，所罗门（Solomon）比较了几种启发式方法求解 VRPTW 的效率，包括节约法、时间导向近邻域搜索法、插入法及时间导向扫描法等（Solomon，1987b）。1988 年，兰德赫姆（Landeghem）提出带时间流动规则的 C－W 节约法求解 VRPTW 模型（Van Landeghem，1988）。2001 年，Tan 和 Lee 等人采用模拟退火算法、禁忌搜索算法和遗传算法求解 VRPTW 模型，并针对 VRPTW 模型的特点改进了各个算法的一些策略，并对所罗门（Solomon）提出的 56 个标准算例库进行仿真试验，试验得到了非常理想的计算结果（Tan，Lee，Zhu，Ou，2001）。2005 年，杭伯格和格林（Homberger，Gehring）提出一种两阶段混合元启发式算法求解 VRPTW 模型，第一阶段采用（μ，λ）进化策略求解最小车辆数，第二阶段采用禁忌搜索算法求解最短总路程（Homberger，Gehring，2005）。2006 年，吉姆等（Kim et al.）研究垃圾收集的 VRPTW 模型，提出聚类算法和插入算法结合的混合算法进行求解（Kim，Sahoo，2006）。2009 年，唐和潘等（Tang，Pan et al.）研究带模糊时间窗的 VRP 模型，采用模糊隶属度函数表示客户的时间窗要求，采用两阶段算法将模型分成 VRPTW 模型和客户满意度模型两部分进行求解（Tang，Pan，Fung，Lau，2009b）。2011 年，庞（Pang）提出一种平行路线构造启发式算法求解 VRPTW 模型（Pang，2011）。

国内学者在求解 VRPTW 模型的算法方面做出了一些贡献。2004 年，李宁和邹彤等人采用粒子群算法求解 VRPTW 模型，构造车辆路径问题的粒子表达方法，建立了此问题的粒子群算法，并与遗传算法的计算结果进行比较，数值试验表明粒子群算法具有较好的计算结果和计算效率（李宁，邹彤，孙德宝，2004）。2006 年，朱树人和李文彬等人研究带软时间窗的车辆路径问题，并提出采用最佳保留的轮盘赌复制法、最大保留交叉法及交叉、变异概率自适应调整等改进策略的遗传算法进行求解，设计了基于自然数编码的遗传算法，并进行了实验计算（朱树人，李文彬，匡芳君，2006）。2011 年，王旭坪和张凯等人基于现实生活中配送企业车辆责源有限和顾客对服务时间要求并非完全刚性的特征，研究带模糊时间窗的车辆路径问题，把客户满意度和时间窗用模糊隶属度函数表示，在一定满意度下，构建了基于模糊时间窗的车辆调度模型，根据模型的特点，改进了基于客户的染色体编码方式，设定了一种新的约束处理方法，避免了惩罚策略中选取惩罚因子的困难。并采用改进的遗传算法进行求解，算法将约束加入目标函数中形成目标规划，并将约束的优先级设定为最大（王旭坪，张凯，胡祥培，2011）。2011 年，唐俊为解决时间窗约束下的物流配送车辆的多目标调度优化问题，给出了一种基于免疫计算的配送车辆调度优化方案，提出配送车辆调度问题的数学模型和一种非劣邻域支配的免疫算法求解VRPTW 模型（唐俊，2011）。2012 年，潘立军和符卓研究集送货一体化的 VRPTW 模型，并提出一种基于时差插入法的遗传算法进行求解，与传统求解该问题的遗传算法相比，本算法有以下特点：一是设计了基于时差插入法的交叉算子、R1 变异算子与 R2 变异算子；二是采用非代际搜索策略（潘立军，符卓，2012）。

此外，按制定方案的周期可以将 VRP 分为固定计划期 VRP 和动态计划期 VRP。周期性的物流配送通常在处理应急物资、食品、易腐蚀等特殊货物的时候需要考虑，本书暂不做讨论。

六、按目标分类

通常 VRP 以车辆行驶总路程为目标函数，有些情况下需要考虑道路状况、配送速度等因素，衍生出考虑最小化运输总成本、最小化车辆数、最小化空驶里程及最大化客户满意度为目标函数的

VRP 模型。根据不同目标建立 VRP 模型时，需要将目标函数进行相应的变换。在约束处理和计算方法选择上与传统 VRP 相似。

除了以上列出的 VRP 模型，还有考虑不确定性和动态性的 VRP 模型。不确定性因素包括客户需求不确定、客户位置不确定及道路状况不确定等。动态性因素包括动态增加客户、动态调整线路等。

第三章

装箱约束车辆路径问题研究现状

第一节　问题的提出

从运输环节中抽象出来的科学问题是车辆路径问题（Vehicle Routing Problem，VRP）。车辆路径问题由丹齐戈等（Dantzig et al.）于1954年首次提出（Dantzig，Fulkerson，Johnson，1954），并在1959年正式进行研究（Dantzig，Ramser，1959）。在过去的50多年里，VRP获得了长足的发展，很快成为并一直是运筹学和组合优化领域的热点问题之一。通常VRP主要研究货物从配送中心运送到客户的车辆线路安排问题，并不考虑物流的其他环节。在过去的研究中，物流的各个环节被分割成各自独立的经济活动，没有能够形成一体化的系统，对VRP和物流中其他问题的研究是独立进行的。但是，运输与物流的其他环节是紧密相连、不可分割的，只有全面考虑物流的所有环节，才能实现对整个物流系统的优化。把运输和物流的其他环节联合起来进行优化，能够更加有效地提升物流系统效率，最大幅度地降低物流总成本。

装箱问题（Bin Packing Problem，BPP）是从集装箱、箱式货车运输的装卸环节中抽象出来的科学问题，是物流领域的又一个经典问题。装箱问题不仅存在于运输业的货物装载，还广泛存在于其他工业领域，例如，机械工业中的钟表零件布局，航空、航天工业中导弹舱布局，印刷业中版面布局，电子业中集成电路布局等。装箱问题主要研究在一个二维或三维的空间内如何合理地、有效地摆放、堆叠一系列货物（或零件、组件等）。物流中的装箱问题最早源于集装箱装载问题，主要研究如何把最大数量的货物装入集装箱内，最大限度地利用集装箱内部空间，且满足稳定性等一系列装载要求。在过去的几十年时间里，对 VRP 和 BPP 的研究都取得了非常丰硕的成果，但是关于这两个问题的研究是独立进行的。如果能够把 VRP 和 BPP 联合起来进行研究，将会产生一种全新的物流配送系统，实现物流系统优化理论与实践的一次飞跃性发展。

在现代社会经济运行中，物流占据越来越重要的地位，如何有效地降低物流成本，提高物流配送效率，正成为企业面临的重要经营管理问题。高效的运作，不仅有利于企业效益的改善、用户满意度的提高，而且对于整个生态环境的改善、低碳社会的形成，也起到至关重要的作用。物流配送车辆路径问题作为物流运作管理的核心问题之一，对于提高物流效率非常关键，受到了广泛的关注，该问题经过几十年的研究，也取得了丰富的研究成果。

现实的物流配送中，在很多情况下是需要同时考虑"运输"和"装箱"这两个问题的，例如，家电、家具的送货上门服务。这类问题通常具有相似的特征：运输工具是带长方体封闭式车厢的货车，货物通常装在长方体的包装箱内，车辆需要拼装运送不同体积、不同重量的货物。对于这样的问题，"运输"和"装箱"两个方面是不可分割、相互制约的。只有同时考虑这两个方面才能既保证选择的配送路线成本最低，又保证货物可以全部合理地装入车辆。"运输"和"装箱"的联合问题也就是"车辆路径问题"和"装箱问题"的联合问题（Bin Packing and Vehicle Routing Problem，BP – VRP）。目前关于这类问题的研究成果较少，近几年才开始吸引国内外学者的关注。

装箱问题（Bin Paeking Problem，BPP）和车辆路径问题（Vehiele Routing Problem，VRP）是管理科学领域中经常被独立研究的两个经典难题。然而，对于家具、家电、仪器设备等一类具有不同体积、需要拼装的物品配送而言，"装箱"和"运输"是两个相互制约、不可分割的过程，脱离了"装箱"，车辆优化路线上的顾客物品可能根本无法装车；忽视了"车辆路径"，车厢装得再满也无法降低高额的运输成本。对需要拼装的物品配送问题，只有兼顾"装箱"和"运输"两方面约束，才能实现问题的全局优化。

2005 年，Iori 首次提出二维装箱约束限容车辆路径问题（Two - Dimensional Loading Capacitated Vehicle Routing Problem，2L - CVRP），并提出启发式算法和精确算法结合的方法进行求解（Iori，2005b）。2006 年，约里、让德罗、拉波尔特等（Iori，Gendreau，Laporte et al.）合作提出三维装箱约束限容车辆路径问题（Three - Dimensional Loading Capacitated Vehicle Routing Problem，3L - CVRP），并提出禁忌搜索算法进行求解（Gendreau，Iori，Laporte，Martello，2006）。问题提出之后，逐渐引起了学者们的关注，陆续产生了一些研究成果。目前，关于这类问题的研究较为松散，没有形成系统的知识结构，不利于学者们进行深入的研究和广泛的交流。本书针对现有文献成果进行调研，总结研究 BP - VRP 的基本思路和基本方法，为研究该问题的学者提供一些参考。现有文献成果中，关于 BP - VRP 的研究主要集中在寻找高效的求解算法，关于构建新模型的研究成果相对较少。本书在深入了解现实物流配送模式的基础之上，研究带多车场、多车型的混合 BP - VRP 模型，并设计高效稳定的算法进行求解。混合 BP - VRP 模型充分体现了物流配送的实际需求，具有较强的理论和现实意义。

第二节　总体研究现状

20 世纪五六十年代学者开始研究装箱问题，随后装箱问题模型被广泛应用在工业领域。直至 2004 年，Iori 在其博士毕业论文中首次提出车辆路径问题和装箱问题相结合的联合优化问题（Iori，2005b）。随后，Iori 与合作者共同研究提出了 2L - CVRP 和 3L - CVRP 模型并给出求解算法，同时给出一系列标准算例库，用于对比、评价算法的效率。此后，2L - CVRP 和 3L - CVRP 引起了学者们的兴趣，这五六年的时间内产生了一些研究成果。

对于需要考虑装箱问题的物流配送问题来说，负责运输的车辆通常是有最大容量限制的，所以称该类问题为装箱约束限制容量车辆路径问题（Bin Packing Capacitated Vehicle Routing Problem，BP - CVRP）。VRP 和 BPP 的结合有很多种类别，基本上都是根据装箱问题的维度进行分类的，包括一维装箱、二维装箱、三维装箱以及多维装箱等。一维装箱问题来源于人们长期以来的生产实践，是一种组合优化问题，将货物按顺序装入一个带状的容器中，对于货物的平面摆放和立体堆积等情况均不予考虑，因此问题的实际意义较小。多维装箱已经超出实际应用范围，仅存在理论上的研究价值。目前，BP - CVRP 的研究成果主要集中在二维装箱约束限制容量车辆路径问题（Two - Dimensional Loading Capacitated Vehicle Routing Problem，2L - CVRP）和三维装箱约束限制容量车辆路径问题（Three - Dimensional Loading Capacitated Vehicle Routing Problem，3L - CVRP）。

一维装箱问题研究中，人们一般在构造求解最优路径时，假定货物的体积约束是不存在的，即在建立问题的模型和设计求解算法时，并没有考虑货物的体积大小，所有的配送与相关的装载约束并不存在任何关系。在这种假设下，问题优化往往受车辆装载载重大小、客户需求大小和需求时间、客户位置、车场的数量等因素的约束。

但是在客观世界中，物流配送不仅需要考虑上述约束，还需要考虑货物的装载约束。如城市轻客户端的连锁零售便利店的物流配送和航空物流运输公司的货物配送。在现代城市中，轻客户端的连锁加盟便利店遍布城市的各个角落，典型的如美宜佳、快客和喜士多等知名便利店；所谓轻客户端指的是前台客户端店面小、投入小、库存小、成本低，由配送中心作为后台管理核心来统一运营。由于轻客户端连锁加盟便利店具有配送频次多、单次配送量少、统一配送等特点，同时货物一般都是装在三维的包装盒后装入配送车辆，配送过程存在货物的后进先出等特征，因此该问题是一个典型的考虑三维装载约束的、带时间窗的、时变时速的、多车型的复杂车辆路径问题。航空物流运输公司的货物配送也是这类问题：运输公司基于对某天运货量的预测，向航空公司来预定货箱。由于飞机的货箱有多种类型（在航空运输中，每种货箱称为单位装载设备），因此运输公司会根据货物的数据来预定不同类型不同数量的货箱；同一个航空公司会运送多个运输公司的多种货箱，同时配送多个目的城市。

因此，如果在计算车辆路径时，不考虑这些实际情况，而只是考虑车辆装载载重大小、客户需求大小和需求时间、客户位置、车场的数量等因素的约束，由此建立的模型只是理想化的模型，求得的解也是不符合现实的解。因此，传统的不考虑货物装载约束的 VRP 理论和方法不再具有处理这些问题的能力，需要研究和设计一套新的考虑装载约束的车辆路径问题的理论和方法。

由于易损、易碎等原因，现实中大量存在着车厢中的货物无法相互叠放的情况，那么货物能否装车就取决于货物底面能否拼装入车厢底面中，这就产生了带二维装箱约束的车辆路径问题（VRP with Two-dimensional Loading Constraints, 2L – CVRO），该问题是带能力约束的车辆路径问题（Capatity Vehicle Routing Problem, CVRP）和二维装箱问题（Two-dimensional Bin Packing Problem, 2BPP）融合之后的一个新问题。

三维装载约束下车辆路径问题是将车辆路径和三维装箱问题融

合考虑来进行研究，即在设计车辆路径的同时，需要考虑货物装载的方式。在物流配送过程中，单纯地只考虑车辆路径设计而得到的结果，在现实往往由于无法成功装箱导致在操作上不具有可行性，将三维装载约束加入车辆路径问题的设计中，具有重要的现实意义。当前研究三维装约束下车辆路径问题的成果还很少。

BP – CVRP 模型可以分为两个部分，一是寻找满足约束的最优车辆路径方案的 CVRP 模型，一是把每辆车负责配送的货物全部装入该车且满足装载约束的 BPP 模型。第一部分模型与经典 CVRP 模型相似，第二部分模型在 2L – CVRP 和 3L – CVRP 中分别有不同的描述。

第三节　二维装箱约束车辆路径问题研究现状

自从 Iori 于 2005 年提出 2L – CVRP 模型之后，陆续有一些研究成果设计新算法或改进现有算法以实现 2L – CVRP 模型的高效求解。

2007 年，约里和冈萨雷斯等（Iori, Gonzalez et al.）提出一种组合精确算法求解 2L – CVRP 模型，算法先用分枝切割法求出最优的车辆线路方案，再用分枝定界法求可行装载方案（Iori, Salazar – González, Vigo, 2007）。

2007 年，让德罗等（Gendreau et al.）针对 2L – CVRP 的两个变体问题提出了一种禁忌搜索算法，算法中对于不可行解以一定的惩罚值而接受，设计了一种移动一条路线中的顾客至另一路线的邻域搜索策略，并运用一种分支定界的方法检测装箱可行性，取得了一定的求解效果（Gendreau, Iori, Laporte et al., 2007）。

2009 年，富勒尔和德尔纳等（Fuellerer, Doerner et al.）在 2L – CVRP 模型基础之上提出包括 4 个新装载约束的 2L – CVRP 模型，4 个装载约束分别为尾部定向装载、无约束定向装载、尾部不定向装载和无约束不定向装载，对于这 4 个装载约束问题分别采用下界算法、启发式算法、元启发式算法和截断分枝定界法进行求解，最后对于包括车辆路径问题的总体优化问题采用蚁群算法进行求解（Fuellerer, Doerner, Hartl, Iori, 2009）。

2009 年，扎哈里亚季斯和泰瑞提里斯等（Zachariadis, Tarantilis et al.）提出吸收禁忌搜索算法和导向式局部搜索算法基本原理的元启发式算法求解 2L - CVRP 模型，其中可行装载方案子问题采用 5 种启发式算法进行求解，包括 Bottom - Left Fill（W - axis）、Bottom - Left Fill（L - axis）、Max Touching Perimeter Heuristic、Max Touching Perimeter No Walls Heuristic、Min Area Heuristic，当一种方法无法找到可行装载方案时按顺序采用下一个方法（Zachariadis, Tarantilis, Kiranoudis, 2009）。

2009 年，扎哈里亚季斯等（Zachariadis et al.）结合禁忌搜索算法与引导性局部搜索策略（gulded local search），提出了引导性禁忌搜索算法（guided tabu search），该算法使用了 5 种装箱启发式策略，并设计了一种能够记录装箱可行性信息的内存结构，在一定程度上提高了算法的效率（Zachatiadis, Tarantilis, Kiranoudis, 2009）。

2009 年，王等（Wang et al.）综述了带有装箱约束的车辆路径问题的研究，列出了装箱过程的 7 种约束，给出了该类问题目前所通常采用的一种将路径优化与装箱优化分别进行的两阶段求解框架，阐述了目前该领域的研究成果，并指出该领域未来的一种研究方向：结合实际物流配送需要，在路径与装箱集成优化方面进行更深入的研究（Wang, Tao, Shi, 2009）。

2009 年，莫拉和奥利维拉（Moura, Oliveira）针对带有时间窗和三维装箱约束的车辆路径问题，提出了层次性（Hierarehieal）和顺序性（Sequential）两类启发式求解方法（Moura, Oliveira, 2009）。

2011年，梁和周等（Leung, Zhou et al.）提出扩展导向式禁忌搜索算法和装箱算法结合的启发式算法求解 2L-CVRP 模型，利用随机移动和期望准则设计的惩罚策略来扩展导向式局部搜索，这里的装箱算法与扎哈里亚季斯等（Zachariadis et al.）文献中的装箱算法相同，2L-CVRP 是两个著名 NP 问题的一个组合，车辆路径问题，以及二维装箱问题。Lenung 等人提出了一种元启发式方法——EGTS，这种方法结合了禁忌搜索理论和扩展的引导本地搜索方法，它被证明是解决装箱问题的一个很好的办法（Leung, Zhou, Zhang, Zheng, 2011）。

2011年，迪阿梅尔和拉科姆等（Duhamel, Lacomme et al.）提出贪婪随机适应性搜索过程（Greedy Randomized Adaptive Search Procedure, GRASP）和进化局部搜索（Evolutionary Local Search, ELS）结合的混合算法求解 2L-CVRP 模型，GRASP 是采用贪婪随机启发式策略产生多个初始解的局部搜索元启发式算法（Duhamel, Lacomme, Quilliot, Toussaint, 2011）。

第四节　三维装箱约束车辆路径问题研究现状

在 2L-CVRP 模型提出后不久，受意大利一家家具厂的家具配送过程的启发，让德罗和约里等（Gendreau, Iori et al.）于 2006年提出了 3L-CVRP 模型，在文中，他们列出了该问题的约束条件，设计目标为总的行驶路径最短，同时提出了一种禁忌搜索算法来求解该问题；通过将问题分为两个层次：装载优化和路径优化，将装载优化过程嵌入路径优化中设计了对应的求解算法；最后成功地将研究结果应用到家具配送的现实问题中（Gendreau, Iori, Laporte, Martello, 2006）。

2007年，富勒尔等（Fuellerer et al.）学者研究了三维木材硬纸板的配送问题。在该问题中，硬纸板必须被放置在特殊车辆的三种不同堆中，并且用来装卸货物的车门位于车的侧面。该研究考虑了货物的先进后出约束，但是没有考虑车辆的最大载重量的限制（Fullerer，Doerner，Hartl，Iori，2007）。

2008 年，莫拉（Moura）研究了带有时间窗约束和三维装载约束的车辆路径问题，将其看作一个多目标优化问题，对 3 个不同的目标进行优化，即车辆的数量、所有车辆的总行驶距离以及车辆的空间利用率。将车辆数量最小化和总的行驶距离最小化作为路径优化部分的决策目标；空间利用率的最大化作为装载部分的决策目标。莫拉等（Moura et al.）设计了基于遗传算法的智能算法来求解该问题。该问题考虑了车场和客户的时间窗约束，以及货物旋转、稳定性等限制，但是同样也没有考虑车辆的最大载重量约束，同时装载条件没有考虑货物的先进后出（Moura，2008）。

让德罗等（Gendreau et al.）的文献中最先采用 2 种方法得到 CVRP 的初始解：在常规图形中使用节约法；在欧几里得图形中使用周期性算法。内层禁忌搜索算法为求解单车三维装箱问题的禁忌搜索算法（Tabu Search Algorithm for Three – Dimensional Single – Vehicle Loading Problem，TS_{3L-SV}）求解每辆车的可行装载方案，TS_{3L-SV} 可以看成三维带状装箱问题：给定一个带状容器的宽和高，求装入货物之后的总长度最小。外层禁忌搜索算法的主要任务是反复迭代内层禁忌搜索过程求解装箱子问题，并评价内层搜索结果的优劣。论文给出了算法针对一系列标准算例的计算结果，并给出这些算例的网络下载方式。此后有一些学者提出其他算法求解 3L – CVRP 模型，对标准算例进行试验并与约里等（Iori et al.）的结果进行比较。

2009 年，泰瑞提里斯和扎哈里亚季斯等（Tarantilis，Zachariadis et al.）提出一种混合元启发式算法求解 3L – CVRP 模型，混合算法由禁忌搜索算法和导向式局部搜索算法组成（Tarantilis，Zachariadis，Kiranoudis，2009）。混合算法采用如下方法求解单车装箱子问题：先按某种方法将单辆车装载货物排序；然后按某种方法将可行装载空间进行排序；按顺序将待装货物放入可行装载位置至所有货物全部装入；如果有货物无法装入则换其他方法排列货物顺序或排列可行装载位置。其中，货物的排列方法有 3 种，分别是按货物体积大小、底面积大小和高度大小降序排列；可行装载位置排列方法有 6 种，分别是"Back – Left – Low"、"Left – Back – Low"、"Max – Touching – Area – Y"、"Max – Touching – Area – No – Walls – Y"、"Max – Touching – Area – X"和"Max – Touching – Area – No – Walls – X"。如果采用以上方法无法找到可行装载方案，则重新选择车辆路径方案。

2010 年，富勒尔和德尔纳等（Fuellerer, Doerner et al.）提出一种基于节约法的蚁群算法求解 3L – CVRP 模型，其中装箱子问题中的货物顺序由 Bottom – Left – Fill 算法给出，可行装载位置由 Normal – Position 算法给出（Fuellerer, Doerner, Hartl, Iori, 2010）。

2012 年，博特费尔特（Bortfeldt）设计了一种新的求解算法，在车辆路径优化上，采用禁忌搜索算法，在货物装载上，采用树形搜索，设计了问题的求解算法。通过使用 2 种技术：（1）在货物装载之前，评估成功装载的可能性；（2）使用缓存空间来存储中间路径，该算法在计算效率方面有明显优势，但是这样会导致需要较大的存储空间来处理计算的中间结果（Bortfeldt, 2012）。

2013 年，阮和张等（Ruan, Zhang et al.）提出一种蜜蜂交配优化算法（Honey Bee Mating Optimization, HBMO）和启发式装箱算法相结合的混合算法求解 3L – CVRP 模型，其中 HBMO 求解CVRP 子问题，启发式装箱算法求解装箱子问题（Ruan, Zhang, Miao, Shen, 2013）。HBMO 算法采用多阶段邻域贪婪随机适应性搜索过程（Multiple Phase Neighborhood Search Greedy Randomized Adaptive Search Procedure, MPNS – GRASP）产生初始解，初始解称为蜜蜂，用初始解对应的车辆行驶成本作为评价蜜蜂优劣的标准。

一组蜜蜂构成蜂房，蜂房中最优个体作为蜂后，其余蜜蜂作为雄蜂。通过蜂后与一定量雄蜂之间的交配产生新的蜂群，用新种群中的优质蜜蜂替代原蜂房中劣质蜜蜂，所有蜜蜂中的最优个体作为蜂后，然后进入下一次交配过程。反复迭代至最大规定次数，最后留在蜂房中的蜂后为近似最优解，把蜂房中的其他蜜蜂排序。先以蜂后作为当前车辆路径方案，采用启发式装箱算法寻找可行装载方案，具体操作与泰瑞提里斯（Tarantilis et al.）的文献相同。

2013年，菲利普等（Philippe et al.）研究了考虑三维装载约束的车辆路径问题，但是该论文仅仅考虑了货物的三维大小、货物装载可旋转等装载因素，而忽略了货物装载的底面支撑约束、货物的先进后出等限制。在装载问题上分为两个阶段，首先选择货物的（X，Y）平面的装载位置，然后搜索可行的Z轴的装载空间；同时作者设计了一个哈希表来提高搜索的速度和效率（Philippe，Helene，Christophe，2013）。

第五节　国内研究现状

目前，国内关于BP-CVRP问题的研究成果相对较少。马珊静和陈峰等研究了一维装箱和车辆路径的联合问题，以最小化仓储成本、运输成本和车辆运营成本总和为目标，提出了3种不同策略的两阶段启发式算法进行求解（马珊静，陈峰，宋德朝，郑永前，2009）。实际上马珊静和陈峰等人研究的一维装箱车辆路径问题相当于没有考虑装箱约束，只是单纯地求车辆路径问题。宁爱兵和熊小华等人研究物流配送中的三维装箱问题，考虑到三维装箱和车辆路径相结合的一些基本问题，并提出了一种求解三维装箱问题的算法，但是文献并没有把两个问题联合起来进行建模和求解（宁爱兵，熊小华，马良，2009）。

王征和胡祥培等针对易损、易碎物品的运输问题进行研究，建立了较为完整的 2L – CVRP 数学模型，并提出了求解该模型的一个 Memetic 算法，算法中设计了一种基于深度优先的装箱问题求解策略，对算法中的几个关键算子：深度优先的启发式装箱方法、染色体的编码方式及其路径分割程序、初始解的生成方法、交叉算子、局部搜索算子，进行了详细的阐述。通过初步的实验，全面分析了 Memetic 算法的求解效率、求解性能和鲁棒性，然后在约里（Iori）提出的 30 个顾客数在 20 ~ 199 个标准算例上对算法的鲁棒性、求解的质量以及求解性能等几项指标进行了测试，并与文献中的求解结果进行了比较，试验取得了较为理想的结果（王征，胡祥培，王旭坪，2011）。

第四章

装箱约束车辆路径问题概述

第一节　二维装箱约束车辆路径问题描述

2L – CVRP 可以描述为类似于经典 VRP 的图论问题。令 $G = (U, A)$ 表示完全图，其中 $U = \{0, 1, \cdots, n\}$ 表示顶点集，$A = \{(i, i') | i, i' \in U, i \neq i'\}$ 表示弧集。顶点 $i = 1, 2, \cdots, n$ 代表客户，每个客户都有固定的非负货物需求 d_i。弧 $(i, i') \in A$ 代表客户之间的距离，通常与从 i 到 i' 的成本 $c_{ii'}$ 之间存在线性关系，不妨设距离与成本相等（如不等只需根据实际情况进行线性变换即可）。配送中心有 P 辆相同型号的箱式货车，每辆货车的最大载重为 D，车厢底面积为 S。货车车厢可抽象为一个矩形平面，其中长为 L、宽为 W，则有 $S = L \cdot W$，S 即为货物的摆放位置。客户 $i(i = 1, 2, \cdots, n)$ 需要 m_i 个货物，表示为 $I_{ik}(k = 1, 2, \cdots, m_i)$，货物 I_{ik} 的底面投影是长为 l_{ik}、宽为 w_{ik} 的矩形。设货物 I_{ik} 的重量为 d_{ik}，则 m_i 个货物的总重量为 d_i，底面积之和为 $s_i = \sum_{k=1}^{m_i} l_{ik} \cdot w_{ik}$。不妨设车厢和货物的长、宽在整数范围内取值，如果实际数据不是整数，只需将所有数据乘以 10 的一个倍数即可。

2L – CVRP 模型描述如下：

（1）确定最多 P 条简单回路，所有回路均从配送中心出发且返回配送中心，每个客户只能在一条回路上，每条回路上的所有客户仅由一辆车服务，回路即为车辆行驶路线；

（2）每条回路上客户需求货物的总重量不能超过车辆最大载重，货物底面积之和不能超过车厢底面积；

（3）每条回路上客户需求的货物必须全部装入车厢内，且满足全部给定的装载约束；

（4）货物从车门位置进出，装货过程从车厢靠驾驶室位置的左侧开始，假设装货工具可以把货物摆放到车厢内任意位置；

（5）以所有车辆的行驶成本最小为目标。

在上面的描述中，除了第（3）条装箱约束外，其他描述与VRP 模型基本一致。要想把货物全部装入车厢内，需要满足一些装箱约束：货物的长和宽必须分别与车厢的长和宽平行，即货物不能进行任意角度的旋转；货物在车厢底部不能重叠放置；在服务当前客户的时候，不能移动其他客户的货物，实现连续卸货的要求。

图 4-1 给出一个 2L-CVRP 问题的车辆线路方案。

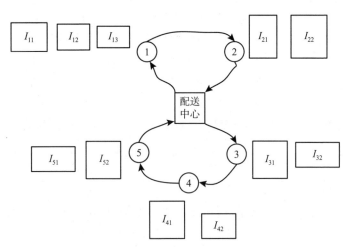

图 4-1　2L-CVRP 车辆线路方案

根据车辆线路方案，可以给出每辆车的一个装载方案，如图 4-2 所示。X 轴和 Y 轴组成车厢底部，原点 O 为装货的起始位置。

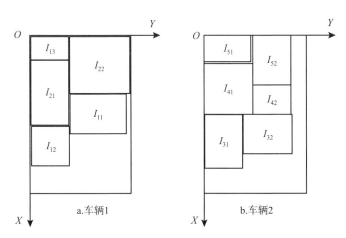

图 4-2 2L-CVRP 车厢装载方案

第二节 三维装箱约束车辆路径问题描述

3L-CVRP 与 2L-CVRP 有很多相似之处，不同点在于 3L-CVRP 中的车厢为三维的长方体，货物全部装在长方体包装箱内。3L-CVRP 描述成类似于 2L-CVRP 的图论问题，其中顶点和弧集、行驶成本部分的描述相同，关于客户需求货物和车辆的描述有所不同。配送中心有 P 辆相同型号的箱式货车，每辆货车的最大载重为 D、最大容积为 V。货车的车厢可以抽象成三维长方体，其中长为 L、宽为 W、高为 H，则有 $V = L \cdot W \cdot H$，V 即为货物的可装载空间。客户 i 需要 m_i 个货物 $I_{ik}(i = 1, 2, \cdots, n, k = 1, 2, \cdots, m_i)$，货物 I_{ik} 的包装规格长为 l_{ik}、宽为 w_{ik}、高为 h_{ik}，则 m_i 个货物的总体积为 $v_i = \sum_{k=1}^{m_i} l_{ik} \cdot w_{ik} \cdot h_{ik}$。3L-CVRP 可以分成 2 个部分，其中 CVRP 部分的约束与 2L – CVRP 中的相同，只需要把货物底面积之和不超过车厢底面积改为货物总体积之和不超过车厢总体积。由于在三维空间中货物存在堆叠摆放的情况，故 3L – CVRP 货物的装载约束较为复杂。具体描述如下：

（1）基本约束：货物不能重叠放置，货物总重不能超过车辆最大载重，货物总体积不能超过车厢最大容积；

（2）方向性约束：货物边缘与车厢边缘平行，每个货物都有一个朝上的方向，且货物只能在水平面上做 90° 旋转，不能在垂直面上或以其他角度进行旋转；

（3）货物稳定性约束：当两个货物上下堆叠放置的时候，它们之间不能存在空隙，且两个货物之间要有一个最小的接触面积，最小接触面积为上层货物底面积的 ρ 倍（ρ 为给定常数，$0 \leqslant \rho \leqslant 1$）；

（4）LIFO（Last – in – First – out）约束：即先进后出、后进先出约束，车辆在服务客户 i 的时候能够连续装卸客户 i 的所有货物 $I_{ik}(k = 1, 2, \cdots, m_i)$，不用挪动其他客户的货物；

（5）易碎品约束：货物分为易碎品和非易碎品，该属性用变量 $\sigma_{ik}(i = 1, 2, \cdots, n, k = 1, 2, \cdots, m_i)$ 表示，取值为 1 表示易碎品，取值为 0 表示非易碎品，易碎品可以放置在其他货物之上，而非易碎品只能放置在非易碎品之上，不能出现非易碎品放置在易碎品之上的情形。

图 4 – 3 给出 3L – CVRP 问题的一个车辆路线方案。该问题中有 2 辆车，服务 5 个客户，总计需要配送 12 件货物，其中 5 件易碎品标记为深色。

根据车辆路线方案给出车辆装载方案，如图 4 – 4 所示。X 轴和 Y 轴组成车厢底部，Z 轴为车厢高度方向，货物从原点 O 处开始装载。

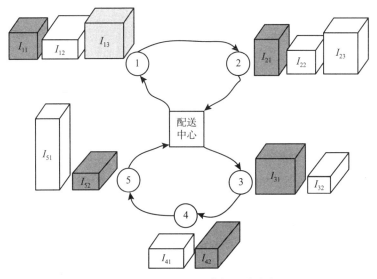

图 4 – 3   3L – CVRP 车辆线路方案

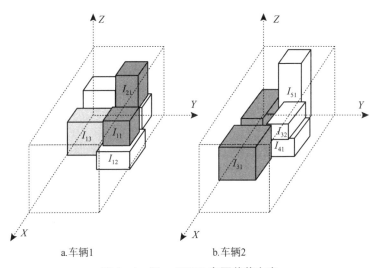

a. 车辆1   b. 车辆2

图 4 – 4   3L – CVRP 车厢装载方案

从图4-4中可以看到，所有货物均没有悬空或重叠放置，货物均放置在车厢底部或其他货物上方，且没有非易碎品放置于易碎品之上的情况。车辆服务每个客户的时候可以连续地完成卸货任务，不需要移动其他客户的货物。

第三节　装箱约束车辆路径问题的求解算法介绍

车辆路径问题和装箱问题都是经典的组合优化问题，且都属于NP-Hard问题。这两种问题的求解方法具有相似性，都可以通过精确算法和启发式算法两类算法进行求解。在问题规模较小的时候，精确算法可以得到问题的精确最优解，但是当问题规模较大时，采用精确算法已经无法在有效时间内给出问题的解。启发式算法的出现，为该类组合优化问题提供了非常好的求解方法。启发式算法能够在较短的时间内给出问题的近似最优解，在一般问题中，近似最优解已经能够满足对解的实际要求。随着计算机技术的发展和普及，启发式算法得到了长足的发展，设计合理有效的启发式算法能够大大提高求解效率和求解质量。

现有BP-CVRP的求解方法均需要将模型分解为CVRP和BPP2个部分，再分别进行求解。通常是求出一个最优路径方案，然后考虑在该路径方案下货物能否全部装入车厢，如果不行再重新计算最优路径方案。最优路径方案可以用现有的车辆路径问题算法进行求解，而BPP部分的求解方式则有所变化。因为，当车辆路径确定之后，每辆车所需要装入的货物数量也即确定，不需要考虑车辆中装入货物量总数最大等目标，而只需找到将所有货物装入车辆的可行装载方案即可。此时，寻找可行装载方案的算法与装箱问题的算法差别较大，因此，本书只介绍VRP和BP-CVRP的求解算法。

一、车辆路径问题的求解算法

目前，已经提出的VRP精确算法种类较多，主要有分枝定界法、割平面法、列生成算法、整数规划算法和动态规划算法等。分枝定界法将原始问题分解成一系列子问题，分枝的意思是将一组解分解成几个子解群组，定界的意思是建立这些子解群组的目标函数的边界。如果某一子解群组的解在这些边界之外，则将该子解群组舍弃（即剪枝）。分枝定界法是运筹学中求解整数规划或混合整数规划的一种方法，用该方法寻找整数最优解的效率非常高。1981年，赫里斯托菲季斯等（Christofides et al.）首次采用分枝定界法求解 VRP 模型，算法采用 k - 阶中心树和 q - 路径方法产生边界，并针对弧和路径同时进行分枝，通过求解 10 个客户、4 辆车的 VRP 问题验证了算法的可行性，通过与其他算法比较表明分枝定界法在计算时间上具有一定的优势（Christofides，Mingozzi，Toth，1981）。1971 年，埃隆等（Eilon et al.）最早提出动态规划算法求解 VRP 模型（Eilon，Watson - Gandy，Christofides，1971b）；1989年，阿加瓦尔等（Agarwal et al.）提出了求解 VRP 模型的列生成算法（Agarwal，Mathur，Salkin，1989）。

VRP 启发式算法可以分为传统启发式算法和元启发式算法。目前对启发式算法比较通用的定义是：启发式算法（Heuristic Algorithm，HA）是一种基于直观或经验构造的算法，在可接受的花费（指计算时间、计算空间等）给出待解决优化问题的每一实例的一个可行解，该可行解与最优解的偏离程度一般不可以实现预计。元启发式算法（Meta - Heuristic Algorithm，MHA）是启发式算法的改进算法，它是随机算法与局部搜索算法相结合的产物。早期计算机还没有普及应用，为了克服精确算法无法处理大规模问题的缺点，学者们提出了一些简单有效的启发式算法。1964 年，克拉克和莱特（Clark，Wright）提出的 C - W 节约法成为求解 VRP 模型的经典算法之一，C - W 节约具有简洁方便、计算速度快等特点（Clarke，Wright，1964）。1965 年，林（Lin）提出求解 TSP 模型的 $k - opt$ 算法和 $\lambda - opt$ 算法，这 2 种算法的基本思想都是先给定初始回路，然后分别通过每次交换 k 条边（$k-opt$ 算法）或 λ 个节点（$\lambda-opt$ 算法）进行最优解搜索（Lin，1965）。1974 年，吉勒特和米勒（Gillett，Miller）提出求解车辆调度问题的扫描算法（Gillett，Miller，1974）。1987 年，所罗门（Solomon）提出求解带时间窗车辆路径问题的最近邻域启发式算法（Solomon，1987b）。

元启发式算法主要有禁忌搜索算法、模拟退火算法、遗传算法、蚁群算法等。1989~1990 年，格洛费（Glover）提出求解组合优化问题的禁忌搜索（Tabu Search，TS）算法，并在连载的 2 篇论文中详细阐述了禁忌搜索的基本概念和实例应用（Glover，1989；1990）。禁忌搜索算法具有便于构造和理解、易于结合精确算法进行局部搜索等特点，很快便被广泛地应用到 VRP 模型的求解中。1993 年，萨尔西和兰德（Salhi，Rand）较早采用禁忌搜索算法求解车辆安排问题（Salhi，Rand，1993）。1996 年，坦杰尔和波特文等（Thangiah，Potvin et al.）提出求解带回城取货、带时间窗车辆路径问题的禁忌搜索算法（Thangiah，Potvin，Sun，1996）。1996 年，雷诺和拉波尔特等（Renaud，Laporte et al.）提出求解多车场车辆路径问题的禁忌搜索算法（Renaud，Laporte，Boctor，1996）。2000 年，Nanry 和 Barnes 采用禁忌搜索算法求解装卸一体、带时间窗的车辆路径问题（Nanry，Wesley Barnes，2000）。

1983 年，柯克帕特里克和盖拉特等（Kirkpatrick，Gelatt et al.）提出了组合优化问题的另一个经典算法——模拟退火算法，并将其研究成果发表在科学（*Science*）杂志上（Kirkpatrick，Vecchi，1983）。模拟退火（Simulated Annealing，SA）算法适用领域较多、实用性较强，但是其解的优劣与初始状态、温度函数都有很大的关系，因此，模拟退火算法通常与其他算法结合起来使用。1991 年，阿尔法等（Alfa et al.）提出求解 VRP 模型的 $3-opt$ 模拟退火算法（Alfa，Heragu，Chen，1991）。1995 年，布里丹姆（Breedam）提出改进局部搜索策略的模拟退火算法求解 VRP 模型

（Van Breedam，1995）。2009 年，邓和毛等（Deng，Mao et al.）提出求解带软时间窗、装卸一体的改进模拟退火算法（Deng，Mao，Zhou，2009）。2011 年，佐兰迪和赫曼提等（Zarandi，Hemmati et al.）提出求解带模糊旅行时间的多车场车辆路径问题的模拟退火算法（Zarandi，Hemmati，Davari，2011）。

1975 年，美国密歇根大学的霍兰（Holland）教授提出了模拟达尔文进化论的自然选择和遗传学机理的生物进化算法——遗传算法（Holland，1975）。遗传算法（Genetic Algorithm，GA）是一种通过模拟自然进化过程搜索最优解的方法，通过多个个体间的选择、交叉等遗传操作实现对最优解的搜索过程。与以往单纯对并列解搜索的算法相比，遗传算法寻找最优解的速度更快。2004 年，伯杰和巴尔卡维（Berger，Barkaoui）提出一种求解带时间窗车辆路径问题的并行混合遗传算法（Berger，Barkaoui，2004）。2005 年，哈冈尼和荣格（Haghani，Jung）研究带软时间窗的动态车辆路径问题，并采用遗传算法进行求解（Haghani，Jung，2005）。2008 年，霍和劳（Ho，Lau et al.）提出一种求解多车场车辆路径问题的混合遗传算法（Ho，Ji，Lau，2008）。2009 年，程和王（Cheng，Wang）研究带时间窗的车辆路径问题，首先将问题分解成若干个旅行商问题，其次采用遗传算法对每个旅行商问题单独进行求解（Cheng，Wang，2009）。2012 年，纳齐夫和李（Nazif，Lee）提出一种带最优交叉算子的遗传算法求解限容车辆路径问题（Nazif，Lee，2012）。

1992 年，意大利米兰理工大学的多里戈（M. Dorigo）在其博士论文中提出了模仿蚂蚁觅食过程中路径发现行为的蚁群算法（Dorigo，1992）。蚁群（Ant Colony，AC）算法是一种模拟进化算法，蚁群算法具有群体合作、正反馈选择和并行计算 3 大特点，并且可以为人工蚁加入前瞻、回溯等自然蚁所没有的能力。提出蚁群算法之后不久，多里戈（Dorigo）及其合作者们便将蚁群算法应用到旅行商问题中（Dorigo, Gambardella, 1997）。2004 年，马泽奥和卢瓦索（Mazzeo, Loiseau）采用蚁群算法求解 CVRP 模型（Mazzeo, Loiseau, 2004）。2009 年，加颇和阿贝德（Gajpal, Abad）提出多蚁群系统的蚁群算法求解带回城取货的车辆路径问题（Gajpal, Abad, 2009）。2009 年，于和杨等（Yu, Yang et al.）提出改进信息素更新策略的蚁群算法求解 VRP 模型（Yu, Yang, Yao, 2009）。

二、装箱约束车辆路径问题的求解算法

上文对 BP – CVRP 的求解算法进行了比较详细的介绍，这里主要对 BP – CVRP 求解算法的基本思路进行概括。

BP – CVRP 求解算法均为两阶段算法，其基本思路为：先将 BP – CVRP 模型分解为 CVRP 和 BPP 2 个子问题；第一阶段，在不考虑除车辆载重和车厢容积之外的装箱约束的情况下计算最优车辆路径方案；第二阶段，最优车辆路径方案给出每辆车服务的客户及客户的货物状况，对每辆车寻找可行装载方案；一旦有车辆无法找到可行装载方案，则选择次优车辆路径方案或重新计算最优车辆路径方案；重复上述步骤，直至所有车辆均找到可行装载方案位置。

BP – CVRP 求解算法的基本流程如图 4 – 5 所示。

目前，国内外关于 BP – CVRP 问题的研究现状有两个方面的不足。一方面是相关成果较少，尤其是在国内，对于这个问题的研究尚处于起步阶段；另一方面，即使是研究该问题较多的国外学者，也基本上都是围绕让德罗和约里等（Gendreau, Iori et al.）提出的最原始模型进行研究，主要的研究内容在于探索更多可行的、高效的求解算法，以实现提升对原始 BP – CVRP 模型求解速度和精度的目标。

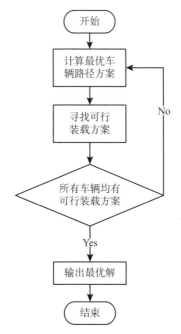

图 4 - 5　BP - CVRP 求解算法基本流程

第五章

智能优化算法概述

第一节 绪 论

一、最优化问题的描述

在初等数学中求二次函数极值问题，就是最简单的一类优化问题。例如，求二次函数 $y=(x-1)^2+5$ 的极值，这是一个具有确定函数表达式的优化问题，容易求解。然而，在许多科学研究、工程技术及经济管理等领域中存在着大量优化问题，通常可以归结为有约束条件下的最优化问题，即

$$\min f(x)$$
$$\text{s. t. } g(x) \geqslant 0, \ x \in S \tag{5.1}$$

其中，x 是决策变量，简称为变量；S 是解域（集）；$f(x)$ 是目标函数；$g(x)$ 是约束函数。变量是在求解过程中选定的基本参数，对变量取值的种种限制称为约束，衡量可行解的标准函数称为目标函数。因此，变量、约束和目标函数称为最优化问题的三要素。

各种最优化问题可以根据 S、f、g 的不同加以分类，如 f、g 均为线性函数，则式（5.1）为线性最优化问题；如果 f 与 g 至少有

一个是非线性函数，则为非线性最优化问题。线性规划是一类典型的线性最优化问题，其约束条件形式为 $g(x) \geqslant 0$ 或 $g(x) = 0$。

线性规划是处理在线性等式及不等式组的约束条件下，求线性函数极值问题的方法；非线性规划是处理在非线性等式及不等式组的约束条件下，求非线性函数极值问题的方法。线性规划、非线性规划问题的一般形式分别由式（5.2）、式（5.3）描述为

$$\begin{cases} \max C^T X \\ \text{s. t.} \quad AX = B \\ \quad X \geqslant 0 \end{cases} \tag{5.2}$$

$$\begin{cases} \min f(x) \ (\text{或} \max f(x)) \\ \text{s. t.} \ g_j(x) \leqslant 0, \ j = 1, \ 2, \ \cdots, \ p \end{cases} \tag{5.3}$$

其中，$C = (c_1, \ c_2, \ \cdots, \ c_n)^T$；$A = (A_{ij})_{m \times n}$，$B = (b_1, \ b_2, \ \cdots, \ b_m)^T$；$X = (x_1, \ x_2, \ \cdots, \ x_n)^T$ 为决策向量。

最优化问题根据优化函数是否连续又可分为函数优化问题与组合优化问题两大类。

二、函数优化问题

函数优化问题是指对象在一定区间内的连续变量，通常可描述为：

设 S 为 R^n 上的有界子集，$f: S \to R$ 为 n 维实值函数。函数 f 在 S 域上全局最小化，就是寻找点 $X_{min} \in S$ 使得 $f(X_{min})$ 在 S 域上全局最小，即 $\forall X \in S: f(X_{min}) \leqslant f(X)$。

一种优化算法的性能往往通过对于一些典型的函数优化问题来评价，这类问题称为 Benchmark 问题。例如，Schaffer 函数

$$f(x) = 0.5 + \frac{\sin^2 \sqrt{x_1^2 + x_2^2} - 0.5}{[1.0 + 0.001(x_1^2 + x_2^2)]^2}, \ |x_i| \leqslant 100$$

就是一种常见的测试函数。

三、组合优化问题

组合优化问题是运筹学的一个重要分支，典型组合优化问题如旅行商问题（TSP），加工调度问题（JSP），物流分配等。

TSP 问题是指有 n 个城市并已知两两城市之间的距离，要求从某一城市出发不重复经过所有城市并回到出发地的最短距离。

调度问题是设有 n 个工件在 m 个机器上加工，在确定的技术约束条件下求加工所有工件的加工次序，使加工性能指标最优。

组合优化问题通常描述如下：

设所有状态构成的解空间 $\Omega = \{S_1, S_2, \cdots, S_n\}$，$C(S_i)$ 为状态 S_i 对应的目标函数值，组合优化问题是要寻求最优解 S^*，使得 $\forall S_i \in \Omega$，$C(S^*) = \min C(S_i)$，$i = 1, 2, \cdots, n$。

在组合优化问题中，上述状态空间中的每个状态对应着一个离散事件，或是一个参数。组合优化的过程就是去寻求离散事件（或参数）的最优组合、排序或筛选等。

四、最优化问题的最优化求解方法

1. 模糊逻辑系统（Fuzzy Logic System，FLS）

1965 年，由美国加利福尼亚大学查德（Zadeh）教授创立。模糊逻辑系统模拟人脑左半球模糊逻辑思维功能。由模糊集合、模糊关系和模糊推理构成的模糊系统具有非常强的非线性映射能力。已经证明：一个模糊系统能以任意精度逼近任意的非线性连续函数。因此，模糊系统可以作为万能逼近器。

2. 遗传算法（Genetic Algorithm，GA）

1975 年，由美国密歇根大学心理学、计算机科学教授霍兰（Holland）受生物进化论的启发而提出的。达尔文的生物进化论认为，遗传、变异和选择是生物发展进化的 3 个主要原因。它揭示了生物长期自然选择进化的发展规则，进化论的自然选择过程蕴涵着一种搜索和优化的先进思想。遗传算法正是基于上述思想而创立的。

3. 模拟退火算法（Simulated Annealing，SA）

由柯克帕特里克（Kirkpatrick）在 1983 年提出，认为组合优化问题与物理学中退火过程相似。

4. 禁忌搜索算法（Tabu Search，TS）

1986 年格洛弗（Glover）提出的一种全局逐步寻优算法。它的基本思想是采用禁忌技术标记已得到的局部最优解，并在进一步的迭代中避开这些局部最优解，从而获得全局最优解。

5. 蚁群优化算法（Ant Colony Optimizition，ACO）

1991 年，由意大利多里戈（Dorigo）提出，它的基本原理是模拟蚂蚁群体在从蚁穴到食物源的觅食过程能够寻找出最短路径的功能。

6. 微粒群算法（Particle Swarm Optimizition，PSO）

1995 年，由美国心理学家肯尼迪（Kennedy）和电气工程师埃伯哈特（Eberbart）提出，他们受鸟类群体行为研究结果的启发，并利用了生物学家赫普纳（Heppner）的生物群体模型。

五、智能优化算法的实质——智能逼近

为了深入研究软计算系统的本质特征，有必要对系统和复杂系统的概念加以研究。关于系统的含义有多种表述。其中，现代系统论开创者贝塔朗菲（L. V. Bertalanffy，1968）关于系统的定义影响较大,他把系统定义为相互作用的多元素的复合体。中国著名科学家钱学森把系统定义为由相互作用和相互依赖的若干组成部分结合成的具有特定功能的有机体。

总结上述定义,不难看出,组成一个系统需要有 3 要素。

1. 多元性

系统由 2 个或 2 个以上的部分组成,这些部分又称元素、单元、基元、组分、部件、子系统等。需指出,这些组成元素的规模可大可小,如可小到一个微观粒子、一个基因,可大到一个太阳系。元素的性质可硬可软,如大规模集成电路中的一个晶体管,一个电阻、电容等都是硬件,而计算机操作系统中的每一个指令代码等都是软件单元。

2. 相关性/相干性

组成系统的各部分之间存在着直接或间接的相互联系,它们相互作用,相互影响。

3. 整体性

组成系统的各部分作为一个整体具有某种功能,这一要素表明了系统整体的统一性和功能性。从组成系统元素的性质分,系统可分为硬系统和软系统两大类,如一块机械式手表,是由许多精密机械零件,通过相互连接而构成具有计时功能的硬系统;一个计算机操作系统,就是一个典型的软系统,一个软计算算法本身也是由软件实现的一种软系统。线性系统:整体功能 = 各部分功能之和,即 $1 + 1 = 2$。

复杂系统的特性:整体功能大于局部功能之和,即 $1 + 1 > 2$。复杂系统的特性也是复杂的,例如具有:

(1) 非线性,是复杂系统的重要特性,是导致复杂性的根源;

（2）多样性；

（3）多重性（多层性）；

（4）多变性；

（5）整体性，对于一个复杂的非线性系统，系统的整体行为并非简单地与子系统的行为相联系，必须从整体上研究系统特点；

（6）统计性；

（7）自相似性，复杂系统存在层次不同的自相似性，它们既可以是几何图形相似，又可以是"功能"或"行为"相似；

（8）非对称性；

（9）不可逆性；

（10）自组织临界性。

霍兰教授在《隐秩序——适应性造就复杂性》一书中论述了复杂系统演化、适应、聚集、竞争、合作的规律，为经济学、生态学、生物演化和思维研究提出重要的洞见，为研究复杂性如何涌现和适应奠定了重要理论基础，并得出重要结论："适应性造就了复杂性。"从而创立了"复杂适应系统"（Complex Adaptive System, CAS）理论。

作为人造复杂适应系统的多种智能优化算法与传统优化算法相比具有以下优点：

（1）无须建立被优化对象的精确模型，它们均为基于数据（输入、输出）的优化方法；

（2）智能优化算法具有模拟人类、生物、自然等智能特点；

（3）具有进化优化、启发式搜索、自学习等特点；

（4）具有非常强的非线性映射能力，表现为智能逼近特点。

人造（人工）复杂系统的目的在于使其造就一种适应性，使该系统能够以任意精度逼近任意非线性函数（映射）。因此，可以认为智能模拟和智能逼近是智能优化算法的本质特征。

除了上述介绍的智能计算系统外，人工智能计算复杂系统还包括：

    （1）支持向量机（Support Vector Mechanism，SVM）；

    （2）粗糙集（Rough Sets，RS）；

    （3）基因计算（DNA Computing）；

    （4）量子计算（Quantum Computation）。

第二节　遗 传 算 法

    遗传算法是美国密歇根大学的霍兰（Holland）教授于 20 世纪 60 年代末 70 年代初创立的一种仿生算法，旨在研究自然系统的适应现象，该方法通过对生物进化现象的抽象，在人工适应系统中设计一种基于自然演化原理的搜索机制，来描述自然系统的适应性。霍兰（Holland，1975）首次系统地阐述了 GA 的基本原理和方法，提出了对 GA 的理论发展极为重要的模式理论（schema theory），确认了选择、杂交和变异等遗传算子，建立了 GA 的模式定理和隐并行性原理，并将 GA 应用于适应性系统的模拟、函数优化、机器学习和自动控制等领域。

    GA 是一种高度并行、随机和自适应的优化算法，它将问题的求解表示成"染色体"的适者生存过程，通过染色体群的一代代不断进化，包括选择、杂交、变异等操作，最终收敛到"最适应环境"的个体，从而求得问题的最优解或满意解。GA 是一种通用的优化算法，其编码技术和遗传操作比较简单，优化不受限制性条件的约束，具有隐含并行性和全局解空间搜索等显著优点。

一、遗传算法的基本概念

    GA 抽象于生物进化过程，通过全面模拟自然选择和遗传机制，形成一种具有"生成 + 检验"特征的搜索算法。GA 以编码空间代替问题的参数空间，以适应度函数为评价依据，以编码群体为进化基础，以对群体中个体的遗传操作实现选择和遗传机制，建立一个迭代过程，在这一过程中，通过随机重组个体中重要的基因，使新一代的个体集合优于老一代的个体集合，群体的个体不断进化，逐渐接近最优解，最终达到求解问题的目的。

为方便理解生物进化过程中与优化问题求解的联系，我们以人类进化为例子，介绍有关术语和机理。大家知道，生物体由细胞构成，每个细胞含有若干个染色体，每个染色体含有一个脱氧核糖核酸（DNA）分子，而每个 DNA 分子含有很多基因（gene），一个基因是 DNA 分子的一部分，是具有遗传效应的 DNA 分子片段。人类群体在自然竞争、淘汰后，形成了繁殖后代的群体，即成人群体。群体的每一个体是一个人，每个人的每个细胞中包含 46 个染色体，组成 23 对同源染色体（其中有 22 对成为常染色体，还有 1 对成为性染色体），男女性的结合使得对应的 23 对染色体优胜劣汰再产生 23 对染色体，从而形成一个新的生命。以性别染色体为例，母亲的性染色体由一对染色体 XX 构成，父亲的性染色体由一对染色体 XY 构成，两个染色体的结合是这两对染色体竞争的产物，竞争的结果得到四对染色体，且这四对染色体有 Y 的子代为男性。新的每一条染色体的形成都由上代各条染色体的基因特点经选择、杂交（交配）、变异等遗传缓解决定。

为方便地将 GA 于一般组合优化问题的求解相类比，不失一般性，本章将一般优化问题提为：

$$\max f(x) \quad x \in D$$
$$\text{s. t.} \quad g(x) \geq 0$$

式中，$f(x)$ 为目标函数，$g(x)$ 为约束函数，D 为定域区间。

GA 主要是借鉴了生物进化的一些特征，主要体现在以下 4 方面。

（1）染色体的不同性质是由基因的排序确定的。对优化问题来说就是把解用编码表述出来，即一个解就是一个染色体，解编码的每个分量为基因位置，每个分量的取值为基因。解空间就对应一个生物种群；优化问题的求解就是通过个体（染色体）之间的选择、杂交和变异等遗传操作，最终找到"最适合生存"的个体（优化问题的最优解）。

（2）自然选择规律。"适者生存"规律使得染色体产生出适应能力超过平均水平的后代。而在优化问题求解时，是根据优化目标人为地构造适应函数，自然选择规律就以适应函数值的大小决定的概率分布来确定哪些解保留、哪些解被淘汰，以使迭代过程中下一步得到的解超过平均适应值。

（3）交配（杂交）双亲的遗传基因的结合使得子女保持父母的特征。在优化问题求解时，通过染色体（编码）之间杂交运算产生一个新解，使得迭代搜索在一定范围内寻优。

（4）变异。双亲的染色体结合后，随机变异会造成子代的不同。在优化问题求解时，通过染色体（编码）的变异运算，使解的搜索范围扩大，避免陷入局部最优搜索。

二、遗传算法的计算流程

求解最优问题的 GA 的一般计算流程：

步骤1：对问题解作一种编码，给出一个有 N 个染色体（个体）的初始种群

$$pop(t), \ t=1;$$

步骤2：对 $pop(t)$ 中的每一个染色体 $pop(t)_i$ 计算它的适应值，

$$f_i = f[pop(t)_i];$$

步骤3：若停止规则满足，则算法停止；否则，计算概率

$$P_i = \frac{f_t}{\sum_{j=1}^{N} f_t}, \ X_i = \Omega$$

并依次概率分布从 $pop(t)$ 中随机地选择 N 个染色体构成一个

新种群

$$newpop(t+1) = \{pop(t)_i, \ i=1, 2, \cdots, N\};$$

［注］$newpop(t+1)$ 中可能有重复选到的个体

步骤4：通过杂交，杂交概率为选定的 p_c，得到一个有 N 个染色体的 $crosspop(t+1)$；

步骤5：以一个较小的概率 p_m，使得一个染色体的一个基因发生变异，形成 $mutpop(t+1)$；

$t=t+1$，$pop(t)=mutpop(t)$；返回到步骤2。

从以上计算流程看到，要实施 GA 必须解决一些技术问题。

（1）解的编码和解码。编码方式不只限于0—1编码，采取何种编码与实际的优化问题有关，本章有关理论的叙述和证明是通过解码得到优化问题的解。

（2）初始群体的选择和计算中群体的大小的确定。初始群体过小，会是搜索过早地陷入局部最优搜索；初始群体过大，其代表性越广泛，最终进化到局部最优解的可能性越大，但这势必造成计算时间的增加。有时，群体大小的选择，采用与遗传代数有关的量，可以使计算更有效。

（3）适应函数的确定。一般情况下，适应函数同优化问题的目标函数有关，以保证比有的解有较大的生存机会。

（4）3个遗传算子的确定。一是以何种方式选择种群，以上流程中步骤3介绍的选择规则被称为轮盘赌。一般来讲，它与由适应值确定的一个概率分布有关。二是杂交规则的确定，比如有单点杂交、两点杂交和多点杂交，还得确定杂交点、杂交的概率等。三是变异规则的确定。

第三节 禁忌搜索算法

禁忌搜索（Tabu Search 或 Taboo Search，TS）的思想最早由格

洛弗（Glover，1986）提出，它是对局部邻域搜索的一种拓展，是一种全局逐步寻优算法，是对人类智力过程的一种模拟。TS算法通过引入一个灵活的存储机构和相应的禁忌准则来避免迂回搜索，并通过藐视准则来赦免一些被禁忌的优良状态，进而保证多样化的有效探索以最终实现全局优化。

一、禁忌搜索的基本概念

局部邻域搜索是基于贪婪思想持续地在当前解的邻域中进行搜索，虽然算法通用易实现，且容易理解，但其搜索性能完全依赖于邻域结构和初始解，尤其容易陷入局部极小而无法保证全局优化性。针对局部邻域搜索，为了实现全局优化，可尝试的途径有：以可控性概率接受劣解来逃逸局部极小，如模拟退火算法；扩大邻域搜索结构，如TSP的2opt扩展到k - opt。

禁忌搜索是人工智能的一种体现，是局部邻域搜索的一种拓展。禁忌搜索最重要的思想是标记对应已搜索到的局部最优解的一些对象，并在进一步的迭代搜索中尽量避开这些对象（而不是绝对禁止循环），从而保证对不同的有效搜索途径的探索。禁忌搜索涉及邻域、禁忌表、禁忌长度、候选解、藐视准则等概念。

简单的禁忌搜索是在邻域搜索的基础上，通过设置禁忌表来禁忌一些已经经历的操作，并利用藐视准则来奖励一些优良状态，其中邻域结构、候选解、禁忌长度、禁忌对象、藐视准则、终止准则等是影响禁忌搜索算法性能的关键。需要指出以下6点。

（1）由于TS是局部邻域搜索的一宗扩充，因此邻域结构的设计很关键，它决定了当前解的邻域解的产生形式和数目，以及各个解之间的联系。

（2）处于改善算法的优化时间性能的考虑，若邻域结构决定了大量的邻域解（尤其对大规模问题，如TSP的SWAP操作将产生的 C_n^2 个邻域解），则可以仅尝试部分互换的结果，而候选解也仅收取其中的少量最佳状态。

（3）禁忌长度是一个很重要的关键参数，它决定禁忌对象的任期，其大小直接影响整个算法的搜索进程和行为。同时，以上示例中，禁忌表中禁忌对象的替换是采用 FIFO 方式（不考虑藐视准则的作用），当然也可以采用其他方式，甚至是动态适应的方式。

（4）藐视准则的设置是算法避免遗失优良状态，激励对优良状态的局部搜索，进而实现全局优化的关键步骤。

（5）对于非紧急候选状态，算法无视它与当前状态的适配值的优劣关系，仅考虑它们中间的最佳状态为下一步决策，如何可实现对局部极小的跳跃（是一种确定性策略）。

（6）为了使算法具有优良的优化性能或时间性能，必须设置一个合理的终止准则来结束整个搜索过程。

二、禁忌搜索的算法流程

简单 TS 算法的基本思想是：给定一个当前解（初始解）和一种邻域，然后在当前解的邻域中确定若干候选解；若最佳候选解对应的目标值优于"best so far"状态，则忽视其禁忌特性，用其替代当前解和"best so far"状态，并将相应的对象加入禁忌表，同时修改禁忌表各对象的任期；若不存在上述候选解，则选择在候选解中选择非禁忌的最佳状态为新的当前解，而务实它与当前解的优劣，同时将相应的对象加入禁忌表，并修改禁忌表中各对象的任期；如此重复上述迭代搜索过程，直至满足停止准则。

条理化些，则简单禁忌搜索的算法步骤可描述如下。

（1）给定算法参数，随机产生初始解 x，置禁忌表为空。

（2）判断算法终止条件是否满足？若是，则结束算法并输入优化结果；否则，继续以上步骤。

（3）利用当前解 x 的邻域函数产生其所有（或若干）邻域解，并从中确定若干候选解。

（4）对候选解判断藐视准则是否满足？若成立，则用满足藐视准则的最佳状态 y 替代 x 成为新的当前解，即 x = y，并用与 y 对应的禁忌对象替换最早进入禁忌表的禁忌对象，同时用 y 替换"best so far"状态，然后转步骤6；否则，继续以下步骤。

（5）判断候选解对应的各对象的禁忌属性，选择候选解集中非禁忌对象对应的最佳状态为新的当前解，同时用与之对应的禁忌对象替换最早进入禁忌表的禁忌对象元素。

（6）转步骤2。

我们可以明显地看到，邻域函数、禁忌对象、禁忌表和藐视准则，构成了禁忌搜索算法的关键。其中，邻域函数沿用局部邻域搜索的思想，用于实现邻域搜索；禁忌表和禁忌对象的设置，体现了算法避免迂回搜索的特点；藐视准则，则是对优良状态的奖励，它是对禁忌策略的一种放松。需要指出的是，上述算法仅是一种简单的禁忌搜索框架，对各关键环节复杂和多样化的设计则可构造出各种禁忌搜索算法。同时，算法流程中的禁忌对象，可以是搜索状态，也可以是特定搜索操作，甚至是搜索目标值等。

第四节　模拟退火算法

模拟退火算法是一种启发式算法，它将局部搜索算法扩展为全局搜索算法，其基本思想是由 Metropolis 等（1953）在用 Monte Carlo 方法迭代求解统计力学方程时提出的一种随机寻优算法，因该算法的计算步骤类似于固体物质的退火过程，被称为模拟退火算法。Kirkpatrick 等（1983）注意到固体物质的退火过程与一般组合优化问题的相似性，将该种随机寻优算法成功运用于一般组合优化问题的求解，使之成为一种通用的全局优化算法。

一、模拟退火算法概述

模拟退火算法最早是针对组合优化提出的，其目的在于：（1）为具有 NP 复杂性的问题提供有效的近似求解算法；（2）克服优化过程陷入局部极小；（3）克服初值依赖性。

1. 物理退火过程和 Metropolis 准则

简单而言，物理退火过程由以下 3 部分组成。

（1）加温过程。其目的是增强粒子的热运动，使其偏离平衡位置。当温度足够高时，固体将溶解为液体，从而消除系统原先可能存在的非均匀态，使随后进行的冷却过程以某一平衡态为起点。溶解过程与系统的熵增过程相联系，系统能量也随温度的升高而增大。

（2）等温过程。物理学只是告诉我们，对于与周围环境交换热量而温度不变的封闭系统，系统状态的自发变化总是朝自由能减少的方向进行，当自由能达到最小时，系统达到平衡状态。

（3）冷却过程。其目的是使粒子的热运动减弱并渐趋有序，系统能量逐渐下降，从而得到低能的晶体结构。

固体在恒定温度下达到热平衡的过程可以用 Monte Carlo 方法加以模拟，虽然该方法简单，但必须大量采样才能得到比较精确的结果，因而计算量很大。鉴于物理系统倾向于能量较低的状态，而热运动又妨碍它准确落到最低态的图像，采样时着重取那些有重要贡献的状态则可较快达到较好的结果。因此，梅特罗波利斯（Metropolis et al.）在 1953 年提出了重要性采样法，即以概率接受新状态。具体而言，在温度 t，由当前状态 i 产生新状态 j，两者的能量分别为 E_i 和 E_j，若 $E_i < E_j$ 则接受新状态 j 为当前状态，若不成立则保留状态 i 为当前状态，其中，k 为 Boltzmann 常数。当这种过程多次重复，即经过大量迁移后，系统将趋于能量较低的平衡态，各状态的概率分布将趋于某种正则分布，如 Gilbbs 正则分布。同时，我们也可以看到，这种重要性采样过程在高温下可接受与当前状态能量差较大的新状态，而在低温下基本只接受与当前能量差较小的

新状态，这与不同温度下热运动的影响完全一致，而且当温度趋于零时，就不能接受比当前状态能量高的新状态。这种接受准则通常称为 Metropolis 准则，它的计算量相对 Monte Carlo 方法要显著减少。

2. 模拟退火算法的基本思想和步骤

1983 年柯克帕特里克（Kirkpatrick et al.）意识到组合优化与物理退火的相似性，并受到 Metropolis 准则的启迪，提出了模拟退火算法。归纳而言，SA 算法是基于 Monte Carlo 迭代求解策略的一种随机寻优算法，其出发点是基于物理退火过程与组合优化之间的相似性，SA 由某一较高初温开始，利用具有概率突跳特性的 Metropolis 抽样策略在解空间中进行随机搜索，伴随温度的不断下降重复重复抽样过程，最终得到问题的全局最优解。

标准模拟退火算法的一般步骤可描述如下：

（1）给定初温 $t = t_0$，随机产生初始状态 $s = s_0$，令 $k = 0$；

（2）Repeat：

（2.1）Repeat：

（2.1.1）产生新状态 $s_j = Genete(s)$；

（2.1.2）if min$\{1,\ \exp[-(C(s_j) - C(s)/t_k)]\} \geqslant$ random$[0,\ 1]$ $s = s_j$；

（2.1.3）Until 抽样稳定准则满足；

（2.2）退温 $t_{k+1} = \text{update}(t_k)$ 并令 $k = k + 1$；

（3）Until 算法终止准则满足；

（4）输入算法搜索结果。

新状态产生函数、新状态接受函数、退温函数、抽样稳定准则和退火结束准则（简称三函数两准则）以及初始温度是直接影响算法优化结果的主要环节。模拟退火算法的实验性能具有质量高、初值鲁棒性强、通用易实现的优点。但是，为寻到最优解，算法通常要求较高的初温、较慢的降温速率、较低的终止温度以及各温度下足够多次的抽样，因而模拟退火算法往往优化过程较大，这也是

SA 算法最大的缺点。因此，在保证一定优化质量的前提下提高算法的搜索效率，是 SA 进行改进的主要内容。

二、模拟退火算法关键参数和操作的设计

从算法流程上看，模拟退火算法包括三函数两准则，即状态产生函数、状态接受函数、温度更新函数、内循环终止准则和外循环终止准则，这些环节的设计将决定 SA 算法的优化性能。此外，初温的选择对 SA 算法性能也有很大影响。

理论上，SA 速算法的参数只有满足算法的收敛条件，才能保证实现的算法依概率 1 收敛到全局最优化。然而，由 SA 算法的收敛性理论知，某些收敛条件无法严格实现，如时齐马氏链的内循环终止准则，即使某些收敛条件可以实现，如非时齐马氏链的更新函数，但也常常会因为实际应用的效果不理想而不被采用。因此，至今 SA 算法的参数选择依然是一个难题，通常只是依据一定的启发式准则或大量的实验加以选取。

1. 状态产生函数

设计状态产生函数（邻域函数）的出发点应该是尽可能保证产生的候选解遍布全部解空间。通常，状态产生函数由两部分组成，即产生候选解的方式和候选解产生的概率分布。前者决定由当前解产生候选解的方式，后者决定在当前解产生的候选解中选择不同状态的概率。候选解的产生方式由问题的性质决定，通常在当前状态的邻域结构内以一定概率方式产生，而邻域函数和概率方式可以多样化设计，其中概率分布可以是均匀分布、正态分布、指数分布、柯西分布等。

2. 状态接受函数

状态接受函数一般以概率的方式给出，不同接受函数的差别主

要在于接受概率的形式不同。设计状态接受概率，应该遵循以下原则：

（1）在固定温度下，接受使目标函数值下降的候选解的概率要大于使目标函数值上升的候选解的概率；

（2）随温度的下降，接受使目标函数值上升的解的概率要逐渐减小；

（3）当温度趋于零时，只能接受目标函数值下降的解。

状态接受函数的引入是 SA 算法实现全局搜索的最关键的因素，但实验表明，状态接受函数的具体形式对算法性能的影响不显著。因此，SA 算法中通常采用 $\min[1, \exp(-\Delta C/t)]$ 作为状态接受函数。

3. 初温

初始温度 t_0、温度更新函数、内循环终止准则和外循环终止准则通常被称为退火历程（annealing schedule）。

在非时齐 SA 算法收敛性理论中，初温由退温函数 $t_k = a/\log(k + k_0)$ 中的 a 决定，但求解实际问题时很难精确得到 a 值或其下界。

在时齐 SA 算法收敛性理论中，虽没有对初温给出限制，但根据与物理退火过程的类比关系，初温应选择充分大以使所有产生的候选解都能被接受，如此保证最终优良的收敛性。

实验证明，初温越大，获得高质量解的几率越大，但花费的计算时间将增加，因此，初温的确定应折中考虑优化质量和优化效率，常用方法包括以下 3 种。

（1）均匀抽样一组状态，以各状态目标值的方差为初温。

（2）随机产生一组状态，确定两两状态间的最大目标值差 $|\Delta\max|$，然后依据差值，利用一定的函数确定初温。譬如，$t_0 = -\Delta\max/p_r$，其中，p_r 为初始接受概率。若取 p_r 接近 1，且初始随机产生的状态能够一定程度上表征整个状态空间时，算法将以几乎

等同的概率接受任意状态，完全不受极小解的限制。

（3）利用经验公式给出。

4. 温度更新函数

温度更新函数，即温度的下降方式，用于在外循环中修改温度值。

在非时齐 SA 算法收敛性理论中，更新函数可采用函数 $t_k = \alpha/\log(k + k_0)$。由于温度与退温时间的对数函数成反比，所以温度下降的速度很慢。当 α 取值较大时，温度下降到比较小的值需要很长的计算时间。快速 SA 算法采用更新函数 $t_k = \beta/(1 + k)$，与前式相比，温度下降速度加快了。但需要强调的是，单纯温度下降速度加快并不能保证算法比较快的速度收敛到全局最优，温度下降的速率必须与状态产生函数相匹配。

在时齐 SA 算法收敛性理论中，要求温度最终趋于零，但对温度的下降速度没有任何限制，这并不意味着可以使温度下降得很快，因为在收敛条件中要求各温度下产生的候选解数目无穷大，显然这在实际应用时是无法实现的。通常，各温度下产生候选解越多，温度下降的速度可以越快。

目前，最常用的温度更新函数为指数退温，即 $t_{k+1} = \lambda t_k$，其中 $0 < \lambda < 1$ 且其大小可以不断变化。

5. 内循环终止准则

内循环终止准则，或称 Metropolis 抽样稳定准则，用于决定各温度下产生候选解的数目。在非时齐 SA 算法理论中，由于在每个温度下只产生一个或少量候选解，所以不存在选择内循环终止准则的问题。而在时齐 SA 算法理论中，收敛性条件要求在每个温度下产生候选数目趋于无穷大，以使相应的马氏链达到平稳概率分布，显然在实际应用算法时是无法实现的。常用的抽样稳定准则包括：

（1）检验目标函数的均值是否稳定；

（2）连续若干步的目标值变化较小；

（3）按一定的步数抽样。

6. 外循环终止准则

外循环终止准则，即算法终止准则，用于决定算法何时结束。设置温度终值 t_e 是一种简单的方法。SA 算法的收敛性理论中要求 t_e 趋于零，这显然是不实际的。通常的做法包括：

（1）设置终止温度的阈值；

（2）设置外循环迭代次数；

（3）算法搜索到的最优值连续若干步保持不变；

（4）检验系统熵是否稳定。

由于算法的一些环节无法在实际设计算法时实现，因此 SA 算法往往得不到全局最优解，或算法结果存在波动性。许多学者试图给出选择"最佳"SA 算法参数的理论依据，但所得结论与实际应用还有一定距离，特别是对连续变量函数的优化问题。目前，SA 算法参数的选择仍依赖于一些启发式准则和待求问题的性质。SA 算法的通用性很强，算法易于实现，但要真正取得质量额可靠性高、初值鲁棒性好的效果，克服计算时间较长、效率较低的缺点，并适用于规模较大的问题，尚需进行大量的研究工作。

三、算法结构和流程

1. 算法构成要素

（1）编码：状态的表达（加温过程）。利用编码表达目标函数 $f(x)$，最好一个状态对应一个解；常见的有 0—1 编码、自然数编码和实数编码等；初始温度 T_0 设定要适当地高，以满足随后的降温过程。

（2）邻域移动（等温过程）：遵从 Metropolis 准则，即依据 PT 概率决定是否移向新解，以最小化问题为例：

当 $f(j) \leqslant$ 当前解 $f(i)$，无条件移动到新解 $f(j)$；

当 $f(j) >$ 当前解 $f(i)$，按如下概率做有条件移动：

$$p = \exp\left[-\frac{f(j) - f(i)}{T_k} \right]$$

其中，T_k 是当前温度。

基于 M 准则，在温度 T_k 不变的条件下，做足够多的邻域搜索（称为内循环）。

（3）降温后的邻域移动（降温过程）：控制温度下降的方式（称为外循环过程）。高温利于广域搜索，低温利于局域搜索；降温过快容易过早进入局优；降温过慢内循环次数太多，效率低，要折中。

常见 $T_{k+1} = T_k \times \tau$，$\tau$ 在 $0.95 \sim 0.99$，或者 $T_{k+1} = T_k - \Delta T$（每次下降的步长）；

初始温度 T_0 常选择很大正数，$f_k/T_0 \to 0$；

终止温度 T_s 常选择很小正数。

2. 计算步骤和流程图

对于问题 $\min f(i)$，$i \in S$（离散有限状态空间），步骤如下：

（1）初始化，任选初始解 $N(i_0)$，初始温度 T_0，终止温度 T_s，内循环迭代次数 $n = 0$，外循环迭代次数 $m = 0$，$T_k = T_0$；

（2）随机产生一个邻域解 $j \in N(i)$，$n \leftarrow n + 1$，计算 $\Delta f = f(j) - f(i)$；

（3）若 $\Delta f < 0$，令 $i = j$，转（4）；否则，产生随机数 $\xi \in U(0, 1)$，若 $\exp(-\Delta f/T_k) > \xi$，令 $i = j$，若 $\exp(-\Delta f/T_k) < \xi$，转（2）；

（4）判断是否达到预定内循环迭代次数 n？是，转（5）；否则，转（2）继续内循环计算；

（5）减小 T_k，$m \leftarrow m + 1$，若 $T_k < T_s$，算法停止，否则转（2）。

第五节　蚁群算法

蚁群算法是最近几年才提出的一种新型的模拟进化算法，在该算法中，可行解经过多次迭代后，最终将以最大的概率逼近问题的最优解。蚁群算法是由意大利学者多里戈和曼尼耶佐等（Dorigo Maniezzo et al.）在 20 世纪 90 年代最先提出来，并用该方法求解旅行商问题、指派问题、车间调度（Job-shop）问题等，取得了一系列较好的试验结果。受其影响，蚁群算法逐渐引起了其他研究者的注意，并用该方法来解决一些实际问题。虽然对此方法的研究刚刚起步，但是这些初步的研究已经显示出蚁群算法在求解复杂优化问题方面的一些优越性，证明它是一种很有发展前景的方法。

一、蚁群算法的基本思想

蚁群算法的基本思想：如果在给定点，一只蚂蚁要在不同的路径中选择，那么，那些被先行蚂蚁大量选择的路径（也就是信息素留存较浓的路径）被选中的概率也更大，较多的信息素意味着较短的路径，也就意味着较好的问题答案。

蚁群算法的多模态函数优化问题可以模拟这样一个场景：蚁群蚂蚁在随机寻找食物（峰值）。在这个区域里有多个食物，食物有大小（峰值的高低）之分。所有的蚂蚁都不知道食物的具体位置。但是他们知道肯定能找到最近的食物所在的位置。那么每个蚂蚁都能快速地找到最近的食物，同时又具有找到最大食物趋势的最优策略是什么呢？最简单有效的就是每个蚂蚁根据转移概率的大小来决定是进行局部最优还是全局最优，蚂蚁每移动到一个新位置前，他都会比较新位置会使信息素（函数值）增强还是减弱，如果增强就移动到新位置，同时向环境释放新位置的信息素（与函数值成正比），否则继续试探别的方向。这种新模型与传统模型相比，弱化了蚂蚁之间的"信息交流",增强了蚂蚁进行局部搜索的能力,从而使蚂蚁以中心形成许多小区域,即小生境。

蚁群算法具有仿生的特点:蚁群利用信息素相互影响并交流信息,形成正反馈机制;信息素具有挥发性,在一定时间内挥发干净;设想利用人工蚂蚁模仿现实世界的蚂蚁,产生具有挥发性的数字化信息素,寻找一条源节点(蚁穴 = 初始点)到目的节点(食物源 = 最优值)之间的最短路径。二者均采用根据当前信息(短时间内存在的信息素)进行路径选择的随机策略;人工蚂蚁依靠记忆能力,可记住沿途走过的节点和路径,真实蚂蚁依靠生物信息素。

二、基本蚁群算法

1. 基本蚁群算法数学模型

以 TSP 问题为例:

(1)假定:

m = 蚁群中蚂蚁总数量;

n = 城市个数;

d_{ij} = 城市 i、j 之间距离,i,$j \in (1, n)$;

$\tau_{ij}(t)$ = t 时刻在路径 (i, j) 连线上残留的信息素量,初始时刻各线路上信息素量相等,出发点 $\tau_0(0)$ = const。

(2)进一步假定:

每只蚂蚁在其经过的路径 (i, j) 上都留下信息素;

每只蚂蚁选择某条路径 (i, j) 的概率 $p_{ij}^k(t)$ 与信息素量成正比,该值要根据各条路径上残留的信息素量 $\tau_{ij}(t)$ 及路径启发信息 $\eta_{ij}(t)$ 计算确定:

$$p_{ij}^k(t) = \begin{cases} \dfrac{[\tau_{ij}(t)][\eta_{ij}(t)]^\beta}{\sum_{s \in allowed_k}[\tau_{ts}(t)][\eta_{ts}(t)]^\beta} & j \in allowed_k \\ 0 & 其他 \end{cases}$$

式中:

$allowed_k = \{C - tabu_k\}$ 表示在时刻 t 允许蚂蚁 k 下一步访问的城市。$tabu_k (k = 1, 2, \cdots, m)$ 表示禁忌表,记录蚂蚁 k 当前已走过的城市;

α——信息启发式因子,反映蚁群在运动过程中所残留信息量的相对重要程度;

β——期望启发式因子,反映期望值的相对重要程度;

$\eta_{ij}(t)$——表示由城市 i 转到 j 的期望程度,称为先验知识,根据所给定的问题:$\eta_{ij}(t) = 1/d_{ij}$,d_{ij} 越小 $\eta_{ij}(t)$ 越大,概率也就越大。

(3)每只蚂蚁走完 n 个城市后,都要对残留信息素做更新处理:

$$\tau_{ij}(t + n) = (1 - \rho)\tau_{ij}(t) + \Delta\tau_{ij}(t)$$

其中,$\Delta\tau_{ij}(t) = \sum_{k=1}^{n} \Delta\tau_{ij}^{k}(t)$ 代表本次循环中 (i, j) 路径上的信息素增量,$\Delta\tau_{ij}^{k}(t)$ 表示第 k 只蚂蚁在本次循环中留在 (i, j) 路径上的信息素量。

ρ——$[0, 1)$ 信息素挥发系数(挥发因子);

$1 - \rho$——信息素残留因子。

(4)根据残留信息素更新策略的不同,多里戈(Dorigo)提出了 3 种不同的基本蚁群算法模型(这些模型的区别在于计算方法不同)。

蚁周模型(Ant – Cycle Model)

$$\Delta\tau_{ij}^{k}(t) = \begin{cases} \dfrac{Q}{L_k} & \text{第 } k \text{ 只蚂蚁在本次循环中经过}(i,j) \\ 0 & \text{其他} \end{cases}$$

Q 是一个常量,表示蚂蚁循环一周或一个过程在经历的路径上所释放的信息素总量。L_k 表示第 k 只蚂蚁在本次循环中所走路径总长度。

蚁量模型（Ant – Quantity Model）

$$\Delta\tau_{ij}^{k}(t) = \begin{cases} \dfrac{Q}{\alpha_{ij}} & \text{第 } k \text{ 只蚂蚁在 } t \text{ 和 } t+1 \text{ 时间经过}(i,j) \\ 0 & \text{其他} \end{cases}$$

蚁密模型（Ant – Density Model）

$$\Delta\tau_{ij}^{k}(t) = \begin{cases} Q & \text{第 } k \text{ 只蚂蚁在 } t \text{ 和 } t+1 \text{ 时间经过}(i,j) \\ 0 & \text{其他} \end{cases}$$

3 个模型的区别：

第 1 个式子利用整体信息，蚂蚁完成一个循环之后才更新所有路径上的信息素量；

第 2、第 3 式利用局部信息，蚂蚁每走一步就要更新路径上的信息素。

2. 基本蚁群算法的实现步骤

（1）初始化参数，$t = 0$，循环次数 $N_c = 0$，设置最大循环次数 N_{cmax}，令路径（i，j）初始化信息量 $\tau_{ij}(t) = \text{const}$，初始时刻 $\Delta\tau_{ij}(0) = 0$；

（2）将 m 只蚂蚁随机放在 n 个城市上；

（3）循环次数 $N_c = N_c + 1$；

（4）令蚂蚁禁忌表索引号 $k = 1$；

（5）令 $k = k + 1$；

（6）根据状态转移概率公式计算蚂蚁选择城市 j 的概率，$j \in (C - tabu_k)$；

$$p_{ij}^{k}(t) = \begin{cases} \dfrac{[\tau_{ij}(t)][\eta_{ij}(t)]^{\beta}}{\sum_{s \in allowed_k}[\tau_{ts}(t)][\eta_{ts}(t)]^{\beta}} & j \in allowed_k \\ 0 & \text{其他} \end{cases}$$

（7）选择具有最大转移概率的城市，将蚂蚁移动到该城市，并将该城市记入禁忌表；

（8）若没有访问完集合 C 中所有城市，即 $k < m$，转（5），否则转（9）；

（9）更新每条路径上的信息素量：

$$\tau_{ij}(t+n) = (1-\rho)\tau_{ij}(t) + \Delta\tau_{ij}(t)$$

$\Delta\tau_{ij}(t)$ 按照蚁周模型计算；

（10）若满足结束条件，循环结束输出计算结果；否则清空禁忌表并转（3）。

第六节　粒子群算法

粒子群优化算法（Partical Swarm Optimization，PSO）是一种基于群体智能理论的全局优化方法，通过群体中粒子间的合作与竞争产生的群体智能指导优化搜索。一些科学家研究了蜂群、鸟群和鱼群中各成员协调运动，相互间没有冲撞的隐含规则。通过模拟，发现每个个体在运动过程中始终保持与其相邻个体的距离最优。通常认为群体中个体之间的信息共享能提供进化的优势，这就是粒子群优化算法发展过程中的核心思想。最初是模拟鸟群觅食的过程，由美国埃伯哈特（Eberhart）和电气工程师肯尼迪（Kennedy）于1995年最早提出的。

鸟群在觅食时，在它们找到有食物的地方之前的迁徙过程中，既有分散又有聚集的特点。所谓鸟语花香，鸟有鸟的语言，它们总是通过一套自己独有的方式时刻相互传递着信息。其实，这种个体之间信息的交换在群居的生物群体中都存在，如蜜蜂、鱼群，也包括人类。假设在某个区域里只有一块失误，所有的鸟都不知道失误在哪里。对于鸟群来说，在它们找到食源之前的从一地到另一地的迁徙过程中，总是有那么一只鸟对食物的嗅觉较好，即对食源的大致方向具有较好的洞察力，从而，这只鸟就拥有食源的较好信息，特别是这种较好的信息。所以，在这种"好消息"的指引下，不断搜寻目前离食物最近的鸟的周围区域，最终导致了鸟群"一窝蜂"地奔向食源，达到了食源的群集。PSO 算法就是从这种模型中得到启示而产生的，后来发现 PSO 算法是一种很好的优化工具。在优化问题中，解集相当于一个鸟群，它们从一地到另一地的迁徙相当于解集的进化，"好消息"相当于解集每代进化中的最优解，食源相当于全局最优解。

粒子群算法的特点是：类似遗传算法，该算法基于迭代搜索技术，通过粒子在解空间追随最优粒子的策略完成问题的求解。其优势在于简单、易实现、参数少、无须梯度信息，支持连续和离散优化问题，适应性极强，未来发展看好。

一、基本粒子群算法

在粒子群优化算法中，群体中的每个个体都有一个速度（反映位置的变化），粒子根据速度在搜索空间运动。而且，每个个体都有一个记忆单元，记下它曾经到达过的最优位置。整个寻优过程就是个体根据自己先前到达过的最优位置和其邻域中其他个体到达过的最优位置来改变自己的位置和速度，从而去向全局最优值的聚集加速过程。由于"加速度"这个词主要用于物理中的粒子系统，因此粒子群优化算法的先行者就把每个个体称为 particle，群体称为 swarm，从而这种优化算法就被称为粒子群优化算法（Particle Swarm Optimization，PSO）。

在 PSO 算法中，每个优化问题的解都被看作搜索空间中的一个没有体积没有质量的飞行的粒子，所有的粒子都有一个被优化的目标函数决定的适应度值（fitness value），每个粒子还有一个速度决定它们飞行的方向和距离。PSO 算法初始化为一群随机粒子，然后粒子们根据对个体和群体的飞行经验的综合分析来动态调整自己的速度，在解空间中进行搜索，通过迭代找到最优解。在每一次迭代中，粒子通过跟踪 2 个"极值"来更新自己：一个是个体极值

pbest，即粒子自身目前所找到的最优解；另一个是全局极值 gbest，即整个种群目前找到的最优解。在找到这 2 个最优解时，粒子根据如下的公式来更新自己的速度和新的位置：

$$v_{ij}^{k+1} = v_{ij}^k + c_1 \times r_1 \times (pbest_{ij}^k - x_{ij}^k) + c_2 \times r_2 \times (pbest_j^k - x_{ij}^k) \quad (5.4)$$

$$x_{ij}^{k+1} = x_{ij}^k + v_{ij}^{k+1} \quad (5.5)$$

式中，下标 i 代表第 i 个粒子；下标 j 代表速度（或位置）的第 j 维，上标 k 代表迭代代数。式（5.4）、式（5.5）组成基本 PSO 算法公式。

二、粒子群算法的参数设置

PSO 算法解决优化问题的过程中有 2 个重要的步骤：问题解的编码和适应度函数。PSO 算法不像遗传算法那样一般采用二进制编码，而是采用实数编码。下面是 PSO 算法中一些参数的经验设置。

粒子数：PSO 算法对种群大小不十分敏感，种群数目下降时性能下降不是很大。一般取 30 ~ 50，不过对于多模态函数优化问题，粒子数可以取 100 ~ 300。

粒子的长度：这是优化问题决定的，就是问题解的长度。

粒子的范围：由优化问题决定，每一维可设定不同的范围。

参数 c_1、c_2：对 PSO 算法的收敛性影响不大。然而，合适的取值可以加快算法的收敛速度，减少陷入局部极小值的可能性，默认取 $c_1 = c_2 = 2.0$，一般取值不超过 4。

三、粒子群算法特点

（1）PSO 算法搜索过程是从一组解迭代到另一组解，采用同时处理群体中多个个体的方法，具有本质的并行性。

（2）PSO 算法采用实数进行编码，直接在问题域上进行处理，无须转换，因此算法简单，易于实现。

（3）PSO 算法的各粒子的移动具有随机性，可搜索不确定的负责区域。

（4）PSO 算法具有有效的全局/局部搜索的平衡能力，避免早熟。

（5）PSO 算法在优化过程中，每个粒子通过自身经验与群体经验进行更新，具有学习的功能。

（6）PSO 算法解的质量不依赖初始点的选取，保证收敛性。

（7）PSO 算法可求解带离散变量的优化问题，但是对离散变量的取整可能导致大的误差。

四、实数编码的小生境粒子群算法

对于很多实际问题进行数学建模后，可以将其抽象为一个数值函数的优化问题，而在大量的实际优化问题的求解计算中，不仅要在可行域内寻找全局最优解，而且往往需要搜索多个全局最优解和有意义的局部最优解，从而为决策者提供多种选择或者多方面的信息。这类问题一般称为多模态函数优化问题或者多峰函数优化问题，而函数的优化问题又可以转化为求极大值问题。如何构造一种优化算法，使之能够搜索到全部全局极大值点和尽量多的局部极大值点，已成为一个研究的热门问题。

对于函数优化问题，粒子群算法具有比遗传算法（GA）和人工免疫算法（AIA）更加高效的信息共享机制，即粒子群算法的启发性更强，因此，从理论上说，粒子群算法收敛更快，但是这种机制导致粒子在寻优时过分集中，最后可能使粒子都移向全局最优点，不能用于多模态函数优化。

多模态函数优化问题可以模拟这样一个场景：一群鸟在随机搜索食物。在这个区域里有多块食物，食物有大小之分。所有的鸟都不知道食物在哪里，但是它们知道肯定能找到最近的食物所在的位置。那么每个鸟都能快速地找到最近食物的同时又具有飞向最大块食物趋势的最优策略是什么呢？

由于小生境粒子群算法加强了粒子局部搜索能力，弱化了粒子之间的信息共享，从而不会发生所有粒子最终都集中到一个极值点（除非就一个峰值）；反过来，由于减弱了粒子之间的信息共享，是否会出现只找到局部极值点而找不到全局最优点呢？通过对算法的收敛性分析和仿真实验，不会出现全局最优点找不到的情况。

小生境粒子群算法的基本思路是：随机产生 N 个粒子的初始位置和速度组成初始群体，根据目标函数计算每个粒子的适应值（函数值），求出粒子的个体最优解 pbest 和全局最优解 gbest，然后更新粒子的速度和位置，由于在粒子速度更新时加强了局部搜索能力，所以每一个粒子具有飞向离它最近的极值点的趋势，即形成了 N 个小生境。

五、标准的 PSO 算法在 PID 参数整定中的应用

利用标准的 PSO 算法来优化 K_p、K_I、K_d 3 个参数，其本质是基于一定目标函数的参数寻优问题。目标函数即适应度函数，本书采用的目标函数如下定义：

当 $ey(t) > 0$,

$$J = \cfrac{1}{\displaystyle\int_0^\infty (w_1 \times |e(t)| + w_2 \times u^2(t))\,\mathrm{d}t + w_3 \times t_u}$$

或

当 $ey(t) < 0$,

$$J = \cfrac{1}{\displaystyle\int_0^\infty (w_1 \times |e(t)| + w_2 \times u^2(t) + w_4 \times |ey(t)|)\,\mathrm{d}t + w_3 \times t_u}$$

式中，系统误差 $ey(t) = y(t) - y(t-1)$，$y(t)$ 为被控对象的输出，$u(t)$ 为控制器输出，t_u 为上升时间，w_1，w_2，w_3，w_4 为权值，$w_1 = 0.999$，$w_2 = 0.001$，$w_3 = 2.0$，$w_4 = 100$。

用 J_i 表示微粒当前的适应值，J_{ibest} 表示微粒个体经历过的最好

适应值，P_i 表示对应 J_{ibest} 的位置，J_{gbest} 表示全局经历过的最好适应值，P_g 表示对应 J_{gbest} 的位置。

优化参数的整定步骤如下。

（1）根据经验确定 PID 3 个参数的范围以及 PSO 算法的控制参数 v_{max} 后，在参数范围内初始化一群微粒即随机产生位置 x_i 与速度 v_i。

（2）确定每个微粒的适应值 J_i，利用上面定义的适应度函数求出 J_i。

（3）对每个微粒：如果 $J_i > J_{ibest}$，则 $J_{ibest} = J_i$，$P_i = x_i$；如果 $J_i > J_{gbest}$，则 $J_{gbest} = J_i$，$P_g = x_i$。

（4）更新微粒的速度与位置，这里 c_1、c_2 为 $[0, 2.5]$ 中的随机数，$\eta = 1$，$w = c_1 - 2 \times \dfrac{\sqrt{c_1^2 - 4c_1}}{1}$。

（5）如未达到结束条件（如预设的代数），返回步骤（2）。

第六章

多车场、多车型、多产品
车辆路径问题模型及算法

考虑装箱问题的混合车辆路径问题是考虑装箱问题的车辆路径问题和混合车辆路径问题的结合，本章先研究混合车辆路径问题。国内外关于多车场、多车型 VRP 问题的研究成果不少，但没有同时考虑配送多种产品的情况。在现代商业物流中，在最短时间内将货物送达顾客手中是衡量商家服务质量的关键性指标之一。为提高服务质量，缩短配送周期，商家通常会在一定区域内选择不同位置建立配送中心，每个配送中心均储备一定量的各类货物，根据顾客位置选择最近的配送中心发货。同时为提高配送效率、降低配送成本，每个配送中心需要备有一定数量不同型号的车辆（即车场与配送中心在相同位置），根据顾客数量和位置、货物数量和大小等因素，以最小化总配送费用为目标安排车辆和路线。在这样的配送模式中，只考虑单一因素优化配送过程显然不能使系统整体达到最优化，针对这一情况，本章将多车场（配送中心）、多车型和多产品等因素同时融入物流配送的车辆路径选择问题中，研究能够实现系统整体最优化的模型和方法。

本章研究的混合车辆路径问题同时考虑多车场、多车型和多产品等混合因素，提出考虑多车场、多车型及多产品的混合车辆路径问题（Multi – Depot, Multi – Type and Multi – Product Vehicle Routing Problem，MDTPVRP），并以所有车辆行驶路程之和最小为目标建立 MDTPVRP 数学模型。

第一节　多车场、多车型、多产品车辆路径问题数学模型

一、问题描述

VRP 可以描述为图论问题，令 $G = (V, A)$ 表示无向完全图，其中，$V = \{0, 1, \cdots, n\}$ 表示顶点集，$A = \{(i, i') \mid i, i' \in V, i \neq i'\}$ 表示弧集。顶点 $i = 1, 2, \cdots, n$ 代表顾客，每个顾客都有固定的非负需求 d_i，弧 $(i, i') \in A$ 代表顾客之间的距离，通常也作为从 i 到 i' 的成本 $c_{ii'}$。如果对于所有的顶点 $i, i' \in V$，互相之间距离都满足 $c_{ii'} = c_{i'i}$，那么称该问题为对称 VRP，否则称之为非对称 VRP，一般案例中对于 $i'' \in V$，有 $c_{ii''} + c_{i''i'} \geqslant c_{ii'}$。VRP 的解空间由简单回路的集合组成，每个简单回路都表示一条最短路线，目标是求所有简单回路弧长之和最小，并且满足以下约束：每个回路都包括 0，即配送中心；每个顶点 $i \in V \backslash \{0\}$ 都只存在于一条回路中；每条回路上所有顶点需求之和不能超过一辆车的载重 W。

本章建立的 MDTPVRP 模型可以描述为：

（1）有多个配送中心，车场和配送中心在同一个位置，配送中心存储和供应足够多的多种产品；

（2）每个配送中心都有一定数量不同型号（载重量不同、车厢容积不同、最大行驶里程不同）的车辆，车辆从配送中心出发送完线路上的全部货物返回原配送中心；

（3）有多个顾客点，顾客之间的路程是确定的，顾客对不同产品的需求量是确定的；

（4）每条线路上的顾客总需求不能超过完成该线路车辆的载重

和容积限制，每条线路总长度不能超过完成该线路车辆的最大行驶里程；

（5）目标为总成本最小，总成本由车辆行驶总距离构成。

二、建立模型

根据问题描述给出各个符号的意义，如表 6 - 1 所示。

表 6 - 1 模型符号及解释

符号	符号解释
D	配送中心（depots），$D = \{1, 2, \cdots, r\}$
C	顾客（customers），$C = \{1, 2, \cdots, s\}$
P	产品类型（products），$P = \{1, 2, \cdots, t\}$
w_l	产品 l 的重量，$l \in P$
v_l	产品 l 的体积，$l \in P$
T	车型（type），$T = \{1, 2, \cdots, u\}$
F_{gh}	配送中心 g 拥有车型为 h 的车辆总数 $g \in D$，$h \in T$
W_h	车型为 h 的车辆的最大载重量，$h \in T$
V_h	车型为 h 的车辆的最大容积，$h \in T$
M_h	车型为 h 的车辆的最大行驶距离，$h \in T$
c_{ij}	顾客 i 到 j 的距离，$i, j \in C$
c_{mn}	节点（包括顾客和配送中心）m 到 n 的距离，$m, n \in C \cup D$
s_{gl}	配送中心 g 库存产品 l 的总数，$g \in D$，$l \in P$
d_{il}	顾客 i 对产品 l 的需求量，$i \in C$，$l \in P$
x_{ghkmn}	决策变量，表示车辆 k 是否从节点 m 行驶到节点 n，其中车辆 k 属于配送中心 g 且车型为 h，$g \in D$，$h \in T$，$k \in F_{gh}$，$m, n \in C \cup D$

由此可建立 MDTPVRP 数学模型如下：

$$\min Z = \sum_{g \in D} \sum_{h \in T} \sum_{k \in F_{gh}} \sum_{m \in (C \cup D)} \sum_{n \in (C \cup D)} c_{mn} \cdot x_{ghkmn} \qquad (6.1)$$

$$\text{s. t.} \sum_{g \in D} \sum_{h \in T} \sum_{k \in F_{gh}} \sum_{m \in (C \cup D)} x_{ghkmi} = 1 \ , \ \forall\, i \in C \qquad (6.2)$$

$$\sum_{n \in (C \cup D)} x_{ghkmn} = \sum_{n \in (C \cup D)} x_{ghknm}, \ \forall\, g \in D, h \in T, k \in F_{gh}, m \in (C \cup D) \qquad (6.3)$$

$$\sum_{h \in T} \sum_{k \in F_{gh}} \sum_{i \in C} \left(d_{il} \cdot \sum_{n \in (C \cup D)} x_{ghkin} \right) \leqslant s_{gl} \ , \ \forall\, g \in D, l \in P \qquad (6.4)$$

$$\sum_{l \in P} \sum_{i \in C} \left(d_{il} \cdot w_{l} \cdot \sum_{n \in (C \cup D)} x_{ghkin} \right) \leqslant W_{h} \ , \ \forall\, g \in D, h \in T, k \in F_{gh} \qquad (6.5)$$

$$\sum_{l \in P} \sum_{i \in C} \left(d_{il} \cdot v_{l} \cdot \sum_{n \in (C \cup D)} x_{ghkin} \right) \leqslant V_{h}, \forall\, g \in D, h \in T, k \in F_{gh} \qquad (6.6)$$

$$\sum_{i \in C} \sum_{n \in (C \cup D)} c_{in} \cdot x_{ghkin} \leqslant M_{h} \ , \ \forall\, g \in D, h \in T, k \in F_{gh} \qquad (6.7)$$

$$x_{ghkmn} \in \{0, 1\}, \ \forall\, g \in D, h \in T, k \in F_{gh}, m \in (C \cup D), n \in (C \cup D) \qquad (6.8)$$

目标函数（6.1）中的 $c_{mn} \cdot x_{ghkmn}$ 表示车辆行驶总距离，并以此作为车辆行驶总成本；约束（6.2）表示每个顾客仅由一辆车提供服务；约束（6.3）表示任何车辆经过某节点，也必须从该节点离开，同时保证车辆从配送中心出发必须返回原配送中心；约束（6.4）表示每种产品的送货量不超过每个配送中心的存货；约束（6.5）表示每条线路上的顾客总需求产品的重量不能超过完成该线路车辆的最大载重；约束（6.6）表示每条线路上的顾客总需求产品的体积不能超过完成该线路车辆的最大容积；约束（6.7）表示每条线路总长度不能超过完成该线路车辆的最大行驶里程；约束（6.8）表示决策变量的取值只能是 0 和 1，若从配送中心 g 出发且车型为 h 的车辆 k 从节点 m 行驶到节点 n，x_{ghkmn} 取值为 1，否则，x_{ghkmn} 取值为 0。

第二节 模糊遗传算法

在求解 VRP 模型的诸多算法中，遗传算法的理论基础最为成熟，有大量文献、书籍探讨研究遗传算法的寻优原理和收敛性质。同时，作为一种快捷、简便、容错性强的智能算法，遗传算法的应用范围也最为广泛，在各类组合优化问题中均表现出良好的性能。但是，经典遗传算法存在一些固有的缺陷。早熟收敛是遗传算法的一个重要问题，在选择算子和交叉算子的作用下，遗传算法中较优个体的繁殖速度非常之快，该个体的子代很快占据种群的大部分位置，在这种情况下已经很难产生优于亲本的子代个体和新个体，此时就会发生早熟收敛，导致算法陷入局部最优解。影响遗传算法收敛速度的主要因素有群体规模、初始群体分布、选择和交叉概率及适应度函数等（李敏强，寇纪淞，林丹，2002），目前文献中比较常用的处理方法有：当种群收敛到同一个体时，就对个体的许多位基因同时进行变异，以增加个体的适应度值；生成不同的个体，重新开始；使用启发式爬山法进行搜索（蒋艳凰，赵强利，2009）。

模糊遗传算法利用模糊逻辑控制器实现对交叉概率和变异概率的控制，以维持种群多样性并调节遗传算法的收敛速度（Mc-Clintock，Lunney，Hashim，1997）。模糊规则的基本原理是根据当前种群的最佳适应度、平均适应度和待交叉、待变异个体适应度之间的关系，来控制交叉概率和变异概率（李擎，陈占英，2001）。模糊规则中个体适应度之间的关系是一个模糊概念，这一模糊概念很难用精确的数学方法进行衡量，因此需要引入隶属度函数。为了快速、有效求解 MDTPVRP 模型，本节采用模糊遗传算法作为求解算法，并针对 MDTPVRP 模型的特点提出一些改进策略。

一、遗传算法

遗传算法（Genetic Algorithm，GA）是由生物进化系统演变而来的一种近似算法，是一种有效的全局搜索算法。遗传算法是一种并行搜索算法，模拟自然进化中的自然选择机制和优胜劣汰机制，主要部分包括：染色体（个体）种群、选择操作、交叉操作和变异操作。遗传算法各部分的策略如下。

（1）编码规则。根据多配送中心、多车型和多产品 VRP 的特点，采用简单直观的自然数编码方式，并把每条染色体分为 2 个部分。假设有 2 个配送中心，每个配送中心都有Ⅰ型车两辆、Ⅱ型车一辆，如图 6 - 1 所示，染色体的第一部分表示每个配送中心的每辆车的车型及其服务的顾客数，染色体的第二部分表示车辆服务顾客的顺序。当前染色体可表示的配送方案是：配送中心 1 的第一辆Ⅰ型车按顺序服务顾客 10 和顾客 4，配送中心 1 的第二辆Ⅰ型车按顺序服务顾客 5 和顾客 12，配送中心 1 的Ⅱ型车按顺序服务顾客 9、顾客 7、顾客 2 和顾客 8；配送中心 2 的第一辆Ⅰ型车按顺序服务顾客 3 和顾客 11，配送中心 2 的第二辆Ⅰ型车按顺序服务顾客 15 和顾客 13，配送中心 2 的Ⅱ型车按顺序服务顾客 1、顾客 14 和顾客 6。

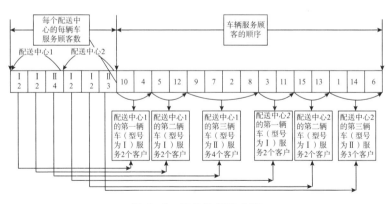

图 6 - 1　染色体编码方案

（2）适应度函数。一个满足约束的配送路线方案可以作为一条染色体，通常采用目标函数（车辆行驶总距离）的倒数作为染色体适应度（程林辉，王江晴，2010；王晓博，李一军，2009），但是这样计算的适应度值通常会很小且无法调节，不同问题的取值范围也相差很大，因此泛化能力较差。考虑用如下公式作为适应度函数：

$$\frac{\sum\limits_{m\in(C\cup D)}\sum\limits_{n\in(C\cup D)}c_{mn}}{\sum\limits_{g\in D}\sum\limits_{h\in T}\sum\limits_{k\in F_{gh}}\sum\limits_{m\in(C\cup D)}\sum\limits_{n\in(C\cup D)}c_{mn}\cdot x_{ghkmn}} \quad (6.9)$$

式中，$\sum\limits_{m\in(C\cup D)}\sum\limits_{n\in(C\cup D)}c_{mn}$ 为所有节点相互之间行驶距离成本及行驶时间成本总和。

（3）选择算子。选择操作提供了遗传进化的驱动力，驱动力太大则遗传搜索将过早终止，驱动力太小则进化过程将非常缓慢。算法采用霍兰（Holland）提出的轮盘赌选择策略，其基本原理是根据每个染色体适应度的比例来确定该个体的选择概率或生存概率（Holland，1975）。为了实现最优保存策略，当前种群中的最优染色体直接进入下一代。

（4）交叉算子。交叉操作是交换 2 个染色体部分基因的遗传操作。依据交叉概率选择进入配对池的个体，然后根据配对概率选择配对的父代个体，把父代染色体中的部分基因加以替换重组，产生子代个体。由于本节染色体编码由 2 部分组成，所以需要采用混合交叉算子，具体方式为：第一部分采用均匀交叉；第二部分采用顺序交叉。均匀交叉算子：先随机地产生一个与染色体第一部分基因串等长的二进制串，0 表示不交换，1 表示交换，根据二进制串判断是否交换父代个体对应位置上的基因。通常顺序交叉随机产生交叉段，如果交叉点处的基因为 0（即配送中心），则直接进行顺序交叉，否则移动交叉段至交叉点基因都为 0 为止（郎茂祥，胡思继，2002），但是本节染色体编码没有表示配送中心的基因，因此需要采用新的顺序交叉算子。新的顺序交叉算子：在父代染色体的

第一部分基因串中随机选择一个基因，该基因对应的数字作为第二部分基因串的交叉段，然后把交叉段内的基因互换，把换出基因放在换入基因原来的位置上，当父代基因对应的数字不相同时，第二个父代向后移动至数字相同为止。如图 6 - 2 所示，以 A 和 B 2 个父代为例进行混合交叉操作，X 为二进制串，设产生的子代个体为 C 和 D。

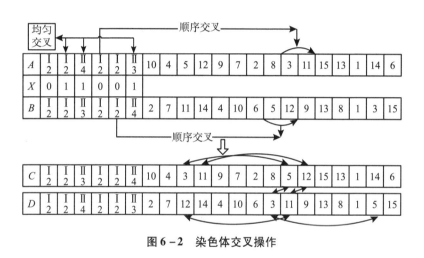

图 6 - 2　染色体交叉操作

（5）变异算子。变异操作是产生新个体的辅助方法，它决定了遗传算法的局部搜索能力，同时保持种群的多样性。变异操作依据变异概率对每代种群中的染色体进行基因突变，常用的基因突变方式有均匀、交换、逆转和位移等，根据本节编码规则的特点采用混合变异算子。对染色体第一部分基因串使用均匀变异算子，对染色体第二部分基因串使用位移变异算子，具体操作过程如图 6 - 3 所示。

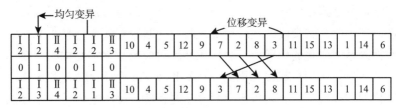

图 6 – 3　染色体变异操作

（6）调整非可行解。经过交叉操作和变异操作，染色体对应的解可能变成非可行解，因此需要进行调整。顾客数是确定的，因此染色体第一部分基因串上的数字之和必须等于顾客数，当基因值之和小于顾客数时，随机选择一个基因值加1，当基因值之和大于顾客数时，随机选择一个基因值减1，重复操作至基因值之和与顾客数相等。在产生初始种群及进行遗传操作的染色体中可能会有一些染色体不符合模型中的一个或多个约束条件，显然对于本节的染色体编码方式，所有染色体都自然满足约束（6.1）、约束（6.2）、约束（6.3）和约束（6.8），因此确定非可行解的时候只需检查约束（6.4）、约束（6.5）、约束（6.6）和约束（6.7），采用的约束控制策略是根据染色体对约束的违反程度降低染色体的适应度值。

二、模糊逻辑控制器

模糊逻辑控制器由模糊化、模糊推理及清晰化3个部分组成。目前有一些学者提出了应用于遗传算法的模糊逻辑控制器，其中曾和瑞本纳所罗（Zeng，Rabenasolo）的方法利用染色体适应度值和当前种群最大适应度值的相关信息作为输入变量，王和胡（Wang，Hu）的方法利用当前种群的平均适应度变化作为输入变量，徐和乌克维奇（Xu，Vukovich）的方法采用遗传代数和种群规模作为输入变量（Xu，Baird，Vukovich，1997）。考虑到遗传代数和染色体适应度值对交叉和变异概率的影响，本章提出一种新的模糊逻辑控制器，主要思想是同时考虑遗传代数、染色体之间的距离、平均适应度值及适应度值的方差对交叉操作和变异操作的影响，并把交叉操作的模糊控制过程分为 2 步：选择进入配对池的染色体；选择配对染色体进行交叉。基本原则如下。

（1）进化前期交叉概率较大，以促进种群较快收敛；进化中期交叉概率稳定，以促进种群充分地进行局部搜索；进化后期交叉概率变小，以保护最优解。

（2）种群适应度值的离散程度小，则增大交叉概率，以避免收敛到局部最优解；相反，降低交叉概率。

（3）适应度值与最高适应度值差距较大的染色体应增加变异概率，以淘汰适应度值较低个体；相反，降低变异概率。

（4）平均适应度值的变化很小，则增大变异概率，避免早熟收敛；平均适应度值的变化很大，则降低变异概率；若平均适应度值变化趋于零，应迅速增大变异概率。

（5）2 个具有较高适应度值且距离较近的个体有较高概率进行配对交叉，以实现对最优区域的局部搜索。

以上这些原则会有一些冲突，但是通过正确的调整可以消除这些冲突，得到效率较高的遗传算法。

设 $P_t = \{x_1, x_2, \cdots x_n\}$ 表示当前种群，其中，n 表示种群规模，$t(t = 0, 1, \cdots, T)$ 表示进化代数。$\bar{F}$ 表示当前种群染色体的平均适应度值，$F_{\max}$ 表示当前种群中最优染色体的适应度值，$F_{\min}$ 表示当前种群中最差染色体的适应度值，$F(x_i)$ 表示染色体 x_i 的适应度值，其中，$i = 1, 2, \cdots, n$，$j = 1, 2, \cdots, n$。根据前面的原则可以得出输入变量，如表 6 - 2 所示。

表 6 – 2   模糊逻辑控制器的输入变量

输入变量	变量解释
τ	进化程度，$\tau = \dfrac{t}{T}$，$t = 0, 1, \cdots, T$，$\tau \in [0, 1]$
σ	适应度值的离散程度，$\sigma = \dfrac{D(F)}{E(F^2)}$[①]，$\sigma \in [0, 1]$
$\Delta \overline{F}(t)$	平均适应度值的变化程度，$\Delta \overline{F}(t) = \dfrac{\overline{F}(t) - \overline{F}(t-1)}{\overline{F}(t-1)}$，$\Delta \overline{F}(t) \in [0, 1]$
γ	染色体 x_i 与最大适应度值的差距，$\gamma = \dfrac{F_{max} - F(x_i)}{F_{max} - F_{min}}$，$\gamma \in [0, 1]$
θ	染色体 x_i 与 x_j 之间的距离，$\theta = \dfrac{H}{L}$[②]，$\theta \in [0, 1]$
δ	染色体 x_i 和 x_j 的平均适应度与最大适应度的差距，$\delta = \dfrac{\gamma_i + \gamma_j}{2}$，$\delta \in [0, 1]$

注：①$D(F)$ 表示 F 的方差，$E(F^2)$ 表示 F^2 的期望，$\sigma = \dfrac{D(F)}{E(F^2)}$ 也可以表示适应度值的离散程度，且有 $\sigma \in [0, 1]$。
②H 表示海明距离，L 表示染色体编码长度。

遗传算法的变异操作通常作为辅助进化手段，因此变异概率的取值一般小于 0.1，故取 $10 \times P_m$ 作为变异概率的输出变量。模糊逻辑控制器的输出变量为 P_c、$10 \times P_m$ 及 P_a，所有输入变量和输出变量的取值范围均为区间 $[0, 1]$，这样可以使用一个隶属度函数描述所有变量。设定模糊逻辑控制器有 9 个语意值，分别是 ES（极小）、VS（非常小）、S（小）、RS（较小）、M（中等）、RL（较大）、L（大）、VL（非常大）和 EL（极大）。关于隶属度函数的选择并没有理论性的研究，根据经验本章选择三角隶属度函数。

隶属度函数定义如图6-4所示。

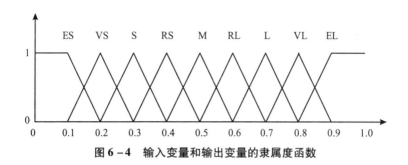

图6-4 输入变量和输出变量的隶属度函数

根据基本原则及隶属度函数可以确定模糊规则，模糊规则由表6-3、表6-4和表6-5给出。

表6-3 交叉概率的模糊规则

σ / τ	ES	VS	S	RS	M	RL	L	VL	EL
ES	EL	EL	VL	VL	L	L	RL	RL	M
VS	EL	VL	VL	L	L	RL	RL	M	RS
S	VL	VL	L	L	RL	RL	M	RS	RS
RS	VL	L	L	RL	RL	M	RS	RS	S
M	L	L	RL	RL	M	RS	RS	S	S
RL	L	RL	RL	M	RS	RS	S	S	VS
L	RL	RL	M	RS	RS	S	S	VS	VS
VL	RL	M	RS	RS	S	S	VS	VS	ES
EL	M	RS	RS	S	S	VS	VS	ES	ES

表 6 - 4　　　　　　　　　　变异概率的模糊规则

$\Delta\bar{F}(t)$ ＼ γ	ES	VS	S	RS	M	RL	L	VL	EL
ES	M	RL	RL	L	L	VL	VL	EL	EL
VS	RS	M	RL	RL	L	L	VL	VL	EL
S	RS	RS	M	RL	RL	L	L	VL	VL
RS	S	RS	RS	M	RL	RL	L	L	VL
M	S	S	RS	RS	M	RL	RL	L	L
RL	VS	S	S	RS	RS	M	RL	RL	L
L	VS	VS	S	S	RS	RS	M	RL	RL
VL	ES	VS	VS	S	S	RS	RS	M	RL
EL	ES	ES	VS	VS	S	S	RS	RS	M

表 6 - 5　　　　　　　　　　配对概率的模糊规则

θ ＼ δ	ES	VS	S	RS	M	RL	L	VL	EL
ES	EL	EL	VL	VL	L	L	RL	RL	M
VS	EL	VL	VL	L	L	RL	RL	M	RS
S	VL	VL	L	L	RL	RL	M	RS	RS
RS	VL	L	L	RL	RL	M	RS	RS	S
M	L	L	RL	RL	M	RS	RS	S	S
RL	L	RL	RL	M	RS	RS	S	S	VS
L	RL	RL	M	RS	RS	S	S	VS	VS
VL	RL	M	RS	RS	S	S	VS	VS	ES
EL	M	RS	RS	S	S	VS	VS	ES	ES

第三节　数值试验

数值试验采用 Matlab 7.1，计算机 CPU 为英特尔酷睿 2、2.67GHz，2GB 内存，32 位 Windows 8 操作系统。

一、TSPlib 实例检验

为了测试模糊遗传算法的效果，选择 TSPlib 实例库中的 16 个实例进行计算，并将计算结果与传统遗传算法进行比较，具体结果如表 6-6 所示。由表 6-6 可看出模糊遗传算法的效果要大大高于传统遗传算法，其计算结果比目前已知最优解多出部分的比例平均小于 5%，其中实例 Bayg29 的解与已知最优解相同，实例 Ulysses22 的解优于已知最优解。

表 6-6 TSPlib 标准实例库测试结果比较（10 次计算平均值）

实例	遗传算法	模糊遗传算法	目前已知最优解	误差百分比（%）
Att48	37496	34139	33524	1.83
Bayg29	9249.7	9074.1	9074.1	0.00
Berlin52	8680	8106.8	7544	7.46
Ch130	6841.7	6511.8	6110.9	6.56
Eil76	618.7684	574.8693	545.3876	5.41
Eil101	711.5851	667.8522	642.3095	3.98
KroA100	23182	21837	21285	10.62
KroC100	26923	22955	20751	2.59
Pr76	135550	111410	108160	3.00
Rd100	8939.7	8314.9	7910.4	5.11
St70	763.793	698.4759	678.5975	2.93
Tsp225	5072.7	4243.4	3859	9.96
Ulysses22	77.8472	75.3097	75.6651	-0.47
Pr124	86130	69931	—	—
Pr107	52782	45314	—	—
Pr226	130869	91541	—	—

注："—"表示没有给出目前最优解。

资料来源：http://www.iwr.uni-heidelberg.de/。

二、多车场、多车型、多产品车辆路径模型仿真测试

假设某个配送问题有 2 个配送中心、2 种车型、4 种产品以及 30 个顾客，表 6 – 7 给出随机产生的配送中心和顾客节点的坐标，表 6 – 8 给出配送中心的存货量及顾客的需求量，并假设配送中心备有足够多的存货。车型 Ⅰ 的最大载重为 5000、最大容积为 250、最大行驶距离为 1，车型 Ⅱ 的最大载重为 10000、最大容积为 500、最大行驶距离为 2。产品 P1 每个的重量为 20、体积为 1，产品 P2 每个的重量为 30、体积为 1，产品 P3 每个的重量为 40、体积为 2，产品 P4 每个的重量为 50、体积为 2。

表 6 – 7　　　　　　　　　　配送中心和顾客节点的坐标

序号	横坐标	纵坐标
1	0.8913	0.7621
2	0.4565	0.0185
3	0.8214	0.4447
4	0.6154	0.7919
5	0.9218	0.7382
6	0.1763	0.4057
7	0.9355	0.9169
8	0.4103	0.8936
9	0.0579	0.3529
10	0.8132	0.0099
11	0.1389	0.2028
12	0.1987	0.6038
13	0.2722	0.1988
14	0.0153	0.7468
15	0.4451	0.9318
16	0.4660	0.4186
17	0.8462	0.5252

续表

序号	横坐标	纵坐标
18	0.2026	0.6721
19	0.8381	0.0196
20	0.6813	0.3795
21	0.8318	0.5028
22	0.7095	0.4289
23	0.3046	0.1897
24	0.1934	0.6822
25	0.3028	0.5147
26	0.1509	0.6979
27	0.3784	0.8600
28	0.8537	0.5936
29	0.4966	0.8998
30	0.8216	0.6449
D1	0.2068	0.4860
D2	0.7501	0.4311

表6-8　　　　配送中心存货量及顾客节点需求量　　　　单位：个

序号	P1	P2	P3	P4
1	7	12	5	8
2	6	2	2	3
3	10	11	4	7
4	10	9	5	5
5	1	8	6	9
6	2	7	11	4
7	3	7	9	5
8	4	8	2	13
9	2	8	3	6
10	7	5	8	8
11	4	8	2	4
12	6	7	3	10

续表

序号	P1	P2	P3	P4
13	3	6	7	9
14	16	7	5	1
15	6	8	10	7
16	4	2	5	5
17	10	5	3	1
18	7	5	2	4
19	8	5	6	3
20	9	2	8	7
21	4	8	2	9
22	5	6	14	7
23	6	2	7	9
24	7	8	5	4
25	4	2	7	9
26	4	8	2	1
27	7	3	8	10
28	6	2	1	4
29	11	2	6	7
30	8	6	9	3
D1	300	00	300	300
D2	300	00	300	300

计算得出 5 条路线，总有效路程为 5.2937。

$R_1 = \{D_1, 22, 20, 16, 2, 10, 19, D_1\}$，车型为 Ⅱ，总路程为 1.5209，载货总重为 5410，载货总体积为 233；

$R_2 = \{D_1, 3, 21, 17, 28, 5, 7, 1, 30, D_1\}$，车型为 Ⅱ，总路程为 0.9525，载货总重为 7080，载货总体积为 292；

$R_3 = \{D_2, 6, 9, 11, 13, 23, D_2\}$ 车型为 Ⅰ，总路程为 0.8651，载货总重为 4070，载货总体积为 172；

$R_4 = \{D_2, 12, 18, 24, 26, 14, D_2\}$ 车型为 Ⅰ，总路程为 0.7132，载货总重为 3530，载货总体积为 149；

$R_5 = \{D_2, 27, 8, 15, 29, 4, 25, D_2\}$ 车型为Ⅱ，总路程为 1.2420，载货总重为5870，载货总体积为252。

三、本章小结

混合车辆路径问题广泛存在于现代商业物流中，体现在电子商务送货、快递业务及传统货物运输等物流服务的配送环节中。本章研究同时考虑多配送中心、多车型及多产品的混合车辆路径问题，以车辆行驶总路程最短为目标建立混合车辆路径问题模型，并提出求解该问题的模糊遗传算法。模糊遗传算法采用模糊逻辑控制器调节遗传算法的变异概率、交叉概率。本章提出一种新的模糊逻辑规则，根据种群迭代程度和染色体适应度值的离散程度控制变异概率，根据染色体平均适应度值的连续变化情况控制变异概率，根据染色体之间的距离控制配对概率。为处理多配送中心、多车型、多产品的问题，遗传算法的各部分策略进行相应改进。编码规则采用两段式编码方式，染色体一部分基因包含配送中心和车型信息，染色体另一部分基因包含车辆行驶路线信息。在这样的编码方式之下，交叉算子和变异算子也有相应改进，对染色体前段基因采用均匀交叉算子和均匀变异算子，对染色体后段基因采用顺序交叉算子和位移变异算子。

本章最后设计了2个数值试验，分别用于检验算法和展示模型。第一个试验运用模糊遗传算法对 TSPlib 标准实例库中的 16 个算例进行计算，并将计算结果与传统遗传算法的计算结果及标准实例库中的最优解进行对比。试验结果表明模糊遗传算法优于传统遗传算法，且大部分计算结果逼近标准实例库中给出的最优解，部分计算结果达到或优于已知最优解。第二个试验采用随机生成的仿真数据，先给出包括 2 个配送中心、2 种车型、4 种产品及 30 个顾客的混合物流配送问题，然后随机生成配送中心和顾客节点坐标，随机生成顾客需求量并为配送中心指定足够多的存货量。

第七章

考虑随机需求车辆路径
问题模型及算法

第一节　考虑随机需求车辆路径问题数学模型

一、问题描述

物流配送中最常碰到的一个不确定因素就是顾客需求的随机性，即随机需求的车辆路径问题（Stochastic Demand Vehicle Routing Problem，SDVRP）。与确定性车辆路径问题相比，随机车辆路径问题更具有实际意义。但是由于引进了随机因素，使得 SDVRP 更加难以实现，关于 SDVRP 的启发式算法的设计也比较困难。

SDVRP 模型可以描述为：

（1）只有一个配送中心，且车场和配送中心在同一个位置，车辆送完全部货物返回配送中心；

（2）假设有 n 个顾客点，每个顾客的位置坐标是固定的，所有顾客的需求是随机的，且需求量满足独立同分布；

（3）车辆负载能力固定，但是车辆数是一个待定的量；

（4）当车辆服务完一个顾客，剩余货物小于顾客期望需求量时，直接返回车场重新装满货；

（5）车辆剩余货物不满足下一个顾客需求量的情况称为"路由失败"，假设每条线路最多只能出现一次"路由失败"，采用部分满足策略，先把剩余货物全部给该顾客，然后车辆返回车场重新装货并按原线路继续配送；

（6）目标是在满足所有顾客需求之后，寻找总成本最小的配送路线。

二、建立模型

本章采用文献（Dror，Trudeau，1986）中的基本模型，模型变量定义：每个节点 $i(i=1,\cdots,n)$ 的需求量 d_i 满足 $[0,b]$ 上的均匀分布；载重量为 W 的车辆数为 m；车辆 $j(j=1,\cdots,m)$ 的行驶路线上，服务的节点数为 n_j。

对于车辆 j 的线路，当 $n_j \cdot b < W$ 时，该线路不会发生"路由失败"，但随着节点的增加，发生"路由失败"的概率就会增大。设第 j 辆车在其线路上的第 $k(k=1,\cdots,n_j)$ 个节点发生"路由失败"的概率为 p_k，有

$$p_k = P\left\{\sum_{l=1}^{k-1} d_l \leqslant W, \sum_{l=1}^{k} d_l > W\right\} \tag{7.1}$$

由于所有节点的需求服从独立同分布，根据中心极限定理可得 $D_k = \sum_{l=1}^{k} d_l$ 服从正态分布。每个节点的期望和方差分别为 μ 和 σ^2，

则 D_k 的标准化变量满足 $\dfrac{\sum_{i=1}^{k} d_k - k\mu}{\sqrt{k}\sigma} \cdot N(0,1)$，由此得出：

$$p_k = P\left\{\frac{\sum_{i=1}^{k-1} d_k - (k-1)\mu}{\sqrt{k-1}\sigma} \leqslant \frac{W-(k-1)\mu}{\sqrt{k-1}\sigma}, \frac{\sum_{i=1}^{k} d_k - k\mu}{\sqrt{k}\sigma} > \frac{W-k\mu}{\sqrt{k}\sigma}\right\}$$

$$= \Phi(\Delta_1)[1 - \Phi(\Delta_2)] \tag{7.2}$$

其中，$\Phi(x) = \dfrac{1}{\sqrt{2\pi}} \displaystyle\int_{-\infty}^{x} e^{\frac{y^2}{2}} d_y$，$\Delta_1 = \dfrac{W - (k-1)\mu}{\sqrt{k-1}\,\sigma}$，$\Delta_2 = \dfrac{W - k\mu}{\sqrt{k}\,\sigma}$。

根据假设，每条线路上最多有一次"路由失败"，设 $e = \left[\dfrac{W}{b}\right]$，其中 $\left[\dfrac{W}{b}\right]$ 表示取整操作，设车辆 j 行驶总距离的期望为 $E(L_j)$，当 $e \leqslant n_j \leqslant 2e$ 时，有

$$E(L_j) = (L_{i_0 i_1} + L_{i_1 i_2} + \cdots + L_{i_{k-1} i_k} + \cdots + L_{i_{n_j} 0}) + (2p_k L_{i_k i_0} + \cdots + 2p_{n_j} L_{i_{n_j} 0})$$

$$(7.3)$$

其中等式右边的前半部分是确定路程，后半部分是额外路程的期望。

第二节　免疫遗传算法

免疫算法（Immune Algorithm，IA）建立在免疫系统基础之上，用亲和力来描述抗体与抗原之间的匹配度和抗体与抗体之间的相似性，并依据亲和力来选择抗体，同时加入记忆细胞库加快算法的收敛速度，因此可以很快速地搜索到全局最优解（肖人彬，王磊，2002）。但是由于 IA 发展应用较晚，跟其他启发式算法相比理论基础比较薄弱。免疫系统是一个规模庞大、机理复杂的网络，其中可借鉴的机理主要包括：记忆学习机理、反馈机理、多样性遗传机理、克隆选择机理及免疫耐受诱导和维持机理等。通常设计 IA 并不需要全部免疫机理，部分机理的组合就可以实现优化过程，这也导致了算法的收敛性分析较为困难。针对 IA 分布式特性的研究还比较少，因此不利于 IA 的推广和应用。

一、IA – GA 算法设计

考虑遗传算法的高适应性和免疫算法的全局寻优性，本章提出结合二者优点的 IA – GA 算法来求解 SDVRP，基本思想是：采用

GA 的选择、交叉和变异等算子，保留 GA 的全局搜索特性，维持算法的鲁棒性和泛化性；吸收 IA 的促进与抑制功能和记忆库功能，在适应度评价中抑制相似个体、维持种群多样性，从而避免过早收敛。为了实现免疫算法与遗传算法的结合，需要把算法的元素统一起来，具体策略如下。

（1）编码规则。根据 SDVRP 的特点，采用简单直观的自然数编码方式，用（1，2，…，n）表示节点，分别用（$n+1$，$n+2$，…，$n+m$）表示虚拟的配送中心。数列（1，2，…，n，$n+1$，$n+2$，…，$n+m$）的一个随机排列对应一个配送路线的方案，当一条线路上的所有节点需求量的期望之和大于车辆载重时，该染色体视为无效并予以剔除。

（2）适应度函数。一个满足约束的配送路线方案可以作为一条染色体，染色体 R_0 的车辆行驶总距离为 $\sum_{j=1}^{M} E(L_j)$，一般采用车辆行驶总距离的倒数作为染色体适应度，但是这样的适应度值通常会很小且无法调节，不同问题的取值范围也相差很大，因此泛化能力较差。考虑用公式（7.4）作为适应度函数：

$$f(R_0) = \frac{\sum_{i=1}^{n} \sum_{j=1}^{n} c_{ij}}{\sum_{j=1}^{M} E(L_j)} \tag{7.4}$$

式中，$\sum_{i=1}^{n} \sum_{j=1}^{n} c_{ij}$ 为所有节点相互之间距离总和。

（3）浓度计算。吸收 IA 中的抗体促进与抑制策略，提出染色体浓度的概念，染色体 R_0 的浓度表示种群中与它相似的染色体的规模，染色体浓度公式为：

$$T_R(R_0) = \sum_{l=1}^{N} J_R(R_0, R_l)$$

$$J_R(R_0, R_l) = \begin{cases} 1, & h(R_0, R_l) \geqslant \tau \\ 0, & \text{其他} \end{cases} \tag{7.5}$$

式中 N 为当前种群的染色体总数，$h(R_0, R_l)$ 表示 R_0 和 R_l 重合基因的个数，$0 < \tau < (n+m)$ 是一个阈值，由于 R_0 和 R_l 可以取相同的值，因此染色体浓度至少为 1。

（4）选择算子。从种群中按某一概率选择个体，最常用的实现方法是轮盘赌模型，该方法中适应度高的个体遗传到下一代的概率大，适应度低的个体遗传到下一代的概率小，实现对群体中的个体进行优胜劣汰的操作，但是该方法的缺点是容易陷入局部最优解。高浓度的染色体在种群中有较多染色体与它相似，为了维持种群多样性，应该抑制这部分染色体，因此本节提出抑制与促进机制下的选择算子，染色体 R_0 被选择到的概率为：

$$P_s = 1 - \alpha^\beta$$
$$\beta = \frac{f(R_0)}{T_R(R_0)} \tag{7.6}$$

式中，$\alpha \in (0, 1)$ 是待定参数，从式（7.6）可以看出，高适应度、低浓度的染色体被选到的概率较大，相反，低适应度、高浓度的染色体被选到的概率较小。为了保证算法收敛需要避免选择概率过大或者过小，给定 P_s 的一个取值范围，当 P_s 超过取值范围时取边界值替代，取值范围的选择方法后文给出。

（5）交叉算子。当前种群和记忆库放到一起进行交叉操作，依据交叉概率 P_c 选择进入配对池的个体，然后随机配对产生父代个体，把父代中的部分基因加以替换重组，产生子代个体。张丽萍和柴跃廷的文献中介绍了一种杂交算子，其最大特点是即使父代相同也会产生新的子代，但是 2 个新子代是相同的（张丽萍，柴跃廷，2002b）。因此本节提出新的杂交算子，基本做法是：A 和 B 为任意配对的父代个体，随机产生 2 个交叉点，2 个交叉点中间部分作为交叉段，把 A 的交叉段移动到 B 的首部得到染色体 B_1，把 B 的交叉段移动到 A 的尾部得到染色体 A_1，然后把 A_1 按从后往前的顺序删除相同项得到新个体 A_2，把 B_1 按从前往后的顺序删除相同项得

到新个体 B_2。

$$A = 123 \mid 456 \mid 789 \quad A_1 = 123 \mid 456789 \mid 654 \quad A_2 = 123789654$$
$$B = 987 \mid 654 \mid 321 \quad \to \quad B_1 = 456 \mid 987654 \mid 321 \quad \to \quad B_2 = 456987321$$

当 2 个染色体 C 和 D 相同时，经过新的杂交算子，依然可以产生 2 个互不相同的新个体。

$$C = 123 \mid 456 \mid 789 \quad C_1 = 123 \mid 456789 \mid 456 \quad C_2 = 123789456$$
$$D = 123 \mid 456 \mid 789 \quad \to \quad D_1 = 456 \mid 123456 \mid 789 \quad \to \quad D_2 = 456123789$$

虽然 C_2 和 D_2 首尾还是相同的，但是因为染色体中有部分基因表示配送中心，因此 C_2 和 D_2 是 2 套不同的方案。假设 7、假设 8 和假设 9 是配送中心，那么 C_2 路径是 $(0-1-2-3-0, 0-4-5-6-0)$，需要 2 辆车，而 D_2 的路径是 $(0-4-5-6-1-2-3-0)$ 仅需 1 辆车。

（6）变异算子。依据变异概率 P_m 对每代种群中的染色体进行变异，采用逆转变异策略，随机产生 2 个变异点，将变异段的基因逆转排序得到新个体。

$$A = 123 \mid 456 \mid 789 \to A_1 = 123654789$$

由于变异操作是对种群模式的扰动，因此通常变异概率的取值会比较小。

二、IA - GA 算法步骤

根据上节中的算法策略，给出建立 IA - GA 算法的具体步骤如下：

步骤 1：种群初始化。设定种群规模 Popsize 和记忆库规模 Memsize，设定交叉和变异概率，输入抗原，对染色体进行编码，产生初始种群和初始记忆库，确定最大迭代次数 T，令 $t = 0$。

步骤 2：计算适应度和浓度。计算每条染色体的适应度函数值，并从小到大排列，计算染色体的浓度。

步骤 3：遗传操作。确定染色体选择概率，并对种群进行选择、交叉和变异操作。

步骤4：记忆库更新。把种群中最优染色体替换掉记忆库中最差染色体。

步骤5：群体更新。将记忆库中最优个体替换群体中的最差个体，并随机产生若干新生染色体，替换掉群体中适应度低的染色体。

步骤6：终止条件。若迭代到最大次数，或者最优染色体连续数代没有更替，则算法终止，比较种群和记忆库中的最优染色体作为输出结果；否则转步骤2，$t = t + 1$。

第三节　IA – GA 算法收敛性和复杂性分析

算法要实现全局收敛，首先要求任意初始种群经有限步都能到达全局最优解，其次必须有保优操作来防止最优解的遗失。传统遗传算法已经被证明具有全局收敛性，与算法收敛性有关的因素主要包括种群规模、选择操作、交叉操作和变异操作，本节算法保留了遗传算法全部收敛因素，因此可以保证算法的全局收敛性。同时引入免疫算法的记忆库机制，有效地实现了保优操作，引入抑制和促进机制防止算法陷入局部最优解，并加速了整体寻优的速度。徐宗本等的文献中证明在算法中采用最优保存策略，将父代群体中的最佳个体保留下来，不参与交叉和变异操作，直接进入下一代，最终算法以概率 1 收敛到全局最优解（徐宗本，聂赞坎，张文修，2002）。本节记忆库中的染色体在交叉操作中进入种群，但是每代种群只有最好个体进入记忆库，因此实现了最优保存策略。

明亮和王宇平的文献中证明，当满足如下条件时，传统遗传算法为线性收敛（明亮，王宇平，2007）：

$$0 < \left[N^{2n} - (N^2 - N)^n \right] (P_s P_c)^{2n} < 1 \qquad (7.7)$$

式中 N 为马氏链状态空间的基，即染色体编码的长度，n 为种群规模，P_s 和 P_c 分别为选择概率和交叉概率。当染色体编码、种群规模和交叉概率确定之后，由公式（7.7）可以得到选择概率的取值范围。本节对选择算子进行改进，增加了一些计算量，但是并没有影响算法收敛性，IA – GA 算法的计算复杂度为 $O(n^2)$。

第四节 数 值 试 验

本章采用 MATLAB7.1 编程和绘图，并采用袁健等提供的数据（袁健，刘晋，卢厚清，2002）。模型参数设定为：$W = 100$，$b = 20$，$e = 5$。算法参数设定为：$Popsize = 50$，$Memsize = 20$，$P_m = 0.05$，$P_c = 0.8$，$T = 200$。计算得到的结果为：固定路程 8.5206，随机路程 2.0712，平均总路程为 10.5918。而袁健等给出的最优路程为 11.7444，对比得出 IA – GA 算法具有更好的效果。具体线路如图 7 – 1 和图 7 – 2 所示。

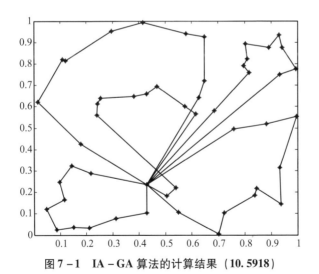

图 7 –1　IA – GA 算法的计算结果（10.5918）

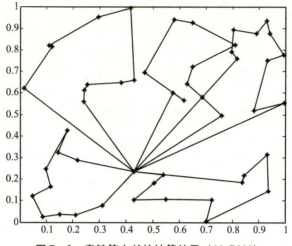

图7-2 袁健等文献的计算结果（11.7444）

第五节 本 章 小 结

本章研究随机需求车辆路径问题，提出了免疫遗传算法进行求解，保留遗传算法的遗传操作并吸收免疫算法的抑制与促进机制和记忆库机制，有效地继承了遗传算法的泛化能力和免疫算法的全局寻优能力。免疫遗传算法有效地实现了随机需求车辆路径问题的求解，实验结果表明，免疫遗传算法可有效求解 SDVRP 问题。

第八章

带二维装箱约束的车辆
路径优化问题研究

考虑到现实情况下 2L – CVRP 具有极其重要的实际意义，本章在已有研究成果基础上，结合二维装箱车辆路径问题与车辆路径问题，对带二维装箱约束的车辆路径问题进行问题描述并建立 2L – CVRP 数学模型，针对 2L – CVRP 问题，本章设计了一种带量子行为的粒子群算法进行求解，并引入遗传思想对粒子进行交叉变异。为提高二维装箱的有效性，本章提出一种基于优先级排序策略的启发式装箱算法，将路径优化与装箱同时考虑，并通过面积收缩系数进行调节，达到装箱与路径的协同优化。

第一节　带二维装箱约束的车辆路径优化问题数学模型

一、问题描述

2L – CVRP 可以被定义在一张无向网络图 $G = (V, E)$ 中，其中 $V = \{0, 1, \cdots, n\}$ 是包含车场（顶点 0）与 n 个顾客（顶点 1，2，$\cdots$，n）的顶点集合；$E = \{e_{ij} : i, j \in V\}$ 则为边集。对于每一条边 $e_{ij} \in E$，关联一个代表从 i 到 j 的距离 d_{ij}。车场拥有 M 辆相同类型的车辆，车辆最大载重为 Q，其车厢为 $L \times W$ 的长方形载重

空间，即装载表面积为 $A = L \times W$。则车辆 h 服务的一条路径的运输成本为 $C_{Rh} = \sum_{i}^{i<|R|} d_{R(i),R(i+1)}$，其中 R 为起始点皆为站点的一条路径。每个顾客 i 所需求的货物为包含 m_i 个货物的集合 IT_i，IT_i 所有货物的总重量为 D_i。顾客 i 的第 r 个货物 $I_{ir} \in IT_i (r = 1, 2, \cdots, m_i)$ 为 $l_{ir} \times w_{ir}$ 的矩形，则顾客 i 需求的货物总面积为 $a_i = \sum_{r=1}^{m_i} w_{ir} \times l_{ir}$。顾客的所有货物需要装载到车厢底面。以车厢底面的左下角为坐标原点，以车厢宽度方向为 x 轴，车厢长度方向为 y 轴，货物 I_{ir} 的左下角坐标为 (r_{im}, v_{im})。在 2L – CVRP 中，可行的方案必须满足以下要求：

（1）每条路线的起止点都必须是车场；

（2）每个顾客仅被服务一次，且该顾客的全部货物均装载在同一辆车上；

（3）车辆所载货物的总重量不得超过车辆最大载重 Q；

（4）车辆所载货物的底面积必须能够拼装到车辆底面积 A 中，货物不允许叠放；

（5）货物的边缘与车厢边缘平行，且货物只允许在水平面上 $90°$ 旋转；

（6）先进后出、后进先出原则，即物品的摆放位置必须确保在车厢门卸载某一顾客货物时，不需要移动其他顾客的货物。

二、建立模型

根据 2L – CVRP 问题描述，在上节给出的变量基础上，需要增加以下决策变量：

$$x_{ijh} = \begin{cases} 1, & \text{车辆 } h \text{ 由客户 } i \text{ 驶向客户 } j \\ 0, & \text{其他} \end{cases}$$

$$y_{ih} = \begin{cases} 1, & \text{客户 } i \text{ 的货物由车辆 } h \text{ 配送} \\ 0, & \text{其他} \end{cases}$$

$$z_h = \begin{cases} 1, & \text{车辆 } h \text{ 被使用} \\ 0, & \text{其他} \end{cases}$$

由此建立 2L – CVRP 数学模型：

$$\min Z = \sum_{i=0}^{n} \sum_{j=0}^{n} \sum_{h=1}^{m} d_{ij} \cdot x_{ijh} \tag{8.1}$$

$$\text{s. t.} \quad \sum_{h=1}^{m} y_{ih} = 1, \quad i = 1, \cdots, n \tag{8.2}$$

$$\sum_{j=1}^{n} x_{0jh} = z_h, \quad h = 1, 2, \cdots, m \tag{8.3}$$

$$\sum_{i=1}^{n} x_{i0h} = z_h, \quad h = 1, 2, \cdots, m \tag{8.4}$$

$$\sum_{i=1}^{n} D_i \cdot y_{ih} \leqslant Q, \quad h = 1, 2, \cdots, m \tag{8.5}$$

$$\sum_{i=1}^{n} a_i \cdot y_{ih} \leqslant A, \quad h = 1, 2, \cdots, m \tag{8.6}$$

$$\sum_{i=1}^{n} x_{ijh} = y_{jh}, \quad j = 1, 2, \cdots, n, \ h = 1, 2, \cdots, m \tag{8.7}$$

$$\sum_{j=1}^{n} x_{ijh} = y_{ih}, \quad i = 1, 2, \cdots, n, \ h = 1, 2, \cdots, m \tag{8.8}$$

$$\sum_{i=1}^{n} \sum_{j=1}^{n} x_{ijh} = |S| - 1, \quad h = 1, 2, \cdots, m,$$
$$S = \{(i, j) \mid (i, j) \in V, \ i, j = 1, 2, \cdots, n\} \tag{8.9}$$

$$0 \leqslant r_{im} \leqslant W - w_{im}, \quad \forall i \in \{1, 2, \cdots, n\}, \ m \in \{1, 2, \cdots, m_i\} \tag{8.10}$$

$$0 \leqslant v_{im} \leqslant L - l_{im}, \quad \forall i \in \{1, 2, \cdots, n\}, \ m \in \{1, 2, \cdots, m_i\} \tag{8.11}$$

$$r_{im} + w_{im} \leqslant r_{i'm'}, \quad \forall i, i' \in \{1, 2, \cdots, n\},$$
$$m \in \{1, 2, \cdots, m_i\}, \ m' \in \{1, 2, \cdots, m_{i'}\}, \ i \neq i' \tag{8.12}$$

$$v_{im} + l_{im} \leqslant v_{i'm'}, \quad \forall i, i' \in \{1, 2, \cdots, n\},$$
$$m \in \{1, 2, \cdots, m_i\}, \ m' \in \{1, 2, \cdots, m_{i'}\}, \ i \neq i' \tag{8.13}$$

$$v_{im} \geqslant v_{i'm'} \text{ or } r_{im} + w_{im} \leqslant r_{i'm'},$$

$$\forall i, i' \in \{1, 2, \cdots, n\}, m, m' \in \{1, 2, \cdots, m_i\} \quad (8.14)$$

公式（8.1）为目标函数，表示车辆运输距离最小化；公式（8.2）表示所有顾客仅被访问一次；公式（8.3）和公式（8.4）表示车辆从车场出发，并最终返回车场；公式（8.5）为车辆容量约束；公式（8.6）为车辆底面积装载约束；公式（8.7）和公式（8.8）表示决策变量之间的关系，绑定了二维装箱变量和车辆路径变量；公式（8.9）为支路消除约束，即消除构成不完整的行车路线；公式（8.10）~公式（8.14）为装箱约束，其中，公式（8.10）和公式（8.11）表示所有货物必须装入车厢底部，公式（8.12）、公式（8.13）表示货物不能重叠，公式（8.14）表示有序装箱约束。

第二节　GQPSO 算法

本章的混合算法是以粒子群算法为基础，考虑粒子具有量子行为，从而形成量子粒子群算法，再根据遗传算法思想将线路进行线路间与线路内变异，最终形成一种 GQPSO（Genetic Quantum Particle Swarm Optimization）算法。算法中的粒子采用 2L 实数编码方式；以路径、超面积惩罚和超容量惩罚之和作为每个粒子的适应值；通过随机生成并筛选的方式形成 pop_size 规模的初始粒子群；粒子通过量子行为产生位置移动以进行全局搜索；每次迭代结束后将根据变异概率选择粒子进行线路间交叉和线路内变异；每次迭代记录本代最优解与当前最优解，线路迭代约束满足后生产线路方案，通过一种优先级排序的启发式算法进行装箱，装箱未成功后，将车厢面积通过收缩系数 PS 进行面积收缩，重新规划路径，直至装箱成功。

一、GQPSO 算法设计

本章的粒子群采用 2L 维的实数编码方式表示，每个粒子对应的 2L 维向量 X 可分解为 2 个 L 维向量，粒子的第一维 X_v 表示该客户点所对应的配送车辆；第二维 X_r 表示在对应车辆中的配送次序。例如，VRP 中共有 8 个客户点，有 3 辆车，编号分别为 1、2 和 3。若某粒子的位置向量 X 为：

客户点：1 2 3 4 5 6 7 8

X_v：1 2 1 2 3 3 1 2

X_r：2 2 3 1 2 1 1 3

则该粒子解码后所对应的路径为

车 1：$0 \to 7 \to 1 \to 3 \to 0$

车 2：$0 \to 4 \to 2 \to 8 \to 0$

车 3：$0 \to 6 \to 5 \to 0$

此粒子编码方式将客户点需求，客户访问顺序同时考虑，避免了常用算法中大路径分割方式所带来的局限性。在算法复杂度上，维数的提高并未增加算法复杂度，反而减少求解过程的计算量。

在标准的 PSO 算法（Kennedy J et al.，1995）中，粒子在有限的搜索空间内通过自我与群体的作用不断更新速度与位置，以达到最优位置。由于粒子沿轨道进行收敛，且搜索空间有限，因此容易陷入局部最优。为了解决此问题，Sun 等（Sun J et al.，2004）从量子力学角度出发，认为粒子具有量子行为。在量子空间中，粒子可以实现全局的搜索。一个粒子的量子态是由波函数 $\psi(x, t)$ 来描述的，并且通过薛定谔方程可得粒子在空间某一点出现的概率密度函数，粒子的位置则通过 Monte Carlo 方法模拟得到。具有量子行为的粒子群算法中，粒子的移动公式如下：

$$mbest = \frac{1}{M} \sum_{i=1}^{M} P_i = \left(\frac{1}{M} \sum_{i=1}^{M} P_{i1}, \frac{1}{M} \sum_{i=1}^{M} P_{i2}, \cdots, \frac{1}{M} \sum_{i=1}^{M} P_{id} \right)$$

$$(8.15)$$

$$p_{id} = \varphi \times P_{id} + (1 - \varphi) \times P_{gd}, \ \varphi = \text{rand} \ (\ ) \qquad (8.16)$$

$$X_{id} = p_{id} \pm \alpha \times | mbest_{id} - X_{id} | \times \ln\left(\frac{1}{u}\right), \ u = \text{rand} \ (\ ) \qquad (8.17)$$

式中，M 表示粒子群中粒子的数目；d 为粒子维度；$mbest$ 表示在所有粒子中每个粒子搜索到的最优位置的平均值，本章采用最接近平均适应值的粒子所在的位置；$P_i = (P_{i1}, P_{i2}, \cdots, P_{id})$ 表示第 i 个粒子的最优位置；P_{gd} 表示所有粒子中最佳粒子所在的位置；p_{id} 表示在 P_{id} 和 P_{gd} 之间的一个随机点，在第 i 个粒子第 d 维空间的一个位置；φ 和 u 是在 [0，1] 之间均匀分布的随机数；α 是 QPSO 算法的参数，称为收缩—扩张系数，一般采用线性递减的方式取值，其公式为：

$$\alpha = \frac{(1 - 0.5) \times (MAXITER - t)}{MAXITER} + 0.5 \qquad (8.18)$$

具有量子行为的粒子群优化算法过程如下：

（1）初始化种群，粒子的初始位置通过随机方式产生；

（2）对于每一个粒子，计算其适应值，保存每个粒子历史最优值 P_{id}，以及所有粒子的当前最优值 P_{gd}；

（3）根据公式（8.15）计算 $mbest$，即最接近所有粒子的平均适应值的粒子所在位置；

（4）对于粒子的每一个维，通过公式（8.16）得到一个随机点；

（5）通过公式（8.17）获得一个新的位置 X_{id}；

（6）重复公式（8.2）~公式（8.6）的步骤，直至满足终止条件或达到指定迭代次数。

本章算法中初始解的产生通过随机方式产生。先在不考虑装箱约束与容量约束的前提下，随机生成 k 条路径（k 为车辆总数），将 n 个顾客随机安排到一条路径中。当所有客户插入完毕，再进行粒子调整与不可行解的调整。同时考虑到良好的初始解对之后的搜索影响较大，因此本章算法中初始解运行多次，每次挑选适应度较

好的粒子组成 *pop_size* 规模的初始粒子群。粒子的初始位置也通过随机产生：位置向量 X_v 每一维随机取 $1 \sim k$ 的随机整数；位置向量 X_r 每一维随机取 $1 \sim n$（顾客数目）的实数。

2L－CVRP 问题中约束条件同时包括车辆装箱约束与路径约束，因此在搜索合法解过程中，过多的约束限制了算法的搜索空间。因此本章算法中允许搜索不满足约束条件的解空间，从而使算法在合法解与非法解之间扰动，以避免陷入局部最优。对于任何一条路径，其适应度包括 3 部分：第一部分为行驶成本，用距离表示；第二部分为超容量惩罚 $Q\_Violation = Q_x - Q$，Q_x 是当前路径 x 所有顾客所需的货物总重；第三部分为超面积惩罚 $S\_Violation = (L_x - L) \times W$，$L_x$ 是当前路径 x 装箱算法中所需的最小装箱长度。则适应度表达式为：

$$fitness(x) = \sum_{i=0}^{n} \sum_{j=0}^{n} \sum_{h=1}^{m} d_{ij} \times x_{ijh} + \alpha \times Q\_Violation(x)$$
$$+ \beta \times S\_Violation(x) \tag{8.19}$$

式中，α、β 分别表示超容量惩罚系数、超面积惩罚系数。针对不同的问题，适应度函数取值范围相差较大，泛化能力较差，因此本章采用公式（8.20）作为最终适应度函数。

$$Fitness(x) = \sum_{i=0}^{n} \sum_{j=0}^{n} d_{ij} / fitness(x) \tag{8.20}$$

通过在合法搜索空间与非法搜索空间的振荡，搜索空间增大，最终只有合法解才能作为搜索到的最优解进行输出，因此更易搜索到全局最优解。

为了进一步增加解的多样性，在量子粒子群算法基础上引入遗传算法交叉变异机制，形成线路间交叉与线路内变异 2 种方法。线路间交叉是通过一定的交叉概率 P_c 选择需要进行交叉操作的粒子，然后随机选择该粒子中的 2 条路径，从每条路径中随机选择一个顾客点，对选定的顾客点进行交换，如图 8－1 所示。交叉完成后，计算交叉操作后适应度是否更优，如果更优则保留此交叉操作，如果未优化则取消此交叉操作。

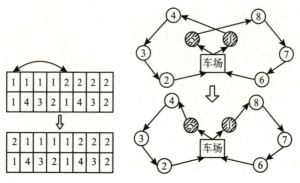

图 8 – 1   线路间交叉

线路内变异方法与交叉操作类似，即通过一定的变异概率 P_m 选择需要进行变异操作粒子，随机选择粒子中某一条路径中的 2 个顾客点进行变异，如图 8 – 2 所示。变异完成后，计算变异操作后适应度是否更优，如果更优则保留此变异操作，如果未优化则取消此变异操作。

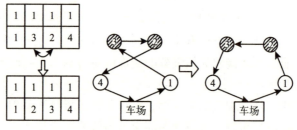

图 8 – 2   线路内变异

为了权衡解的质量与运行时间，本章算法考虑 2 种终止准则，一个是最大迭代次数，另一个为连续不更新最优解的迭代次数。

装箱过程初始时，优先选择车厢左下角作为最优可装载点，每次装入一个货物，可装载点同时进行更新。以车厢左下角为坐标原点，以车厢宽度方向为 x 轴，车厢长度方向为 y 轴。

先根据货物最小尺寸粒度将车厢矩形进行划分，形成 $m \times n$ 的网格，每装入一个货物，更新可行装载点，包括单位横坐标所在位置的可行区的宽度与长度，使用（横坐标，剩余宽度，剩余长度）表示，如图 8-3 所示，在装入 A 后，可行装载点包括 $a(0, W, L-l_A)$、$b(1, W-1, L-l_A)$、$c(2, W-2, L)$、$\cdots$、$(m-2, 1, L)$、$(m-1, 0, L)$。由此形成 $m \times 3$ 的矩阵 $postList$。在装载每一个货物时，根据以下规则对 $postList$ 所有装载点进行优先级排序。

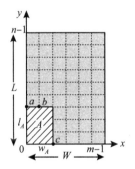

图 8-3　可行装载点坐标信息

（1）货物与可行区长宽相等，适应值为 1，如图 8-4（a）所示。

（2）货物宽度与可行区宽度相等，货物长度小于空间长度，适应值为 2，如图 8-4（b）所示。

（3）货物长度与可行区长度相等，货物宽度小于空间宽度，适应值为 3，如图 8-4（c）所示。

（4）货物宽度小于空间宽度，货物长度小于空间长度，适应值为 4，如图 8-4（d）所示。

（5）货物宽度大于空间宽度或货物长度大于空间长度，适应值为无穷大。

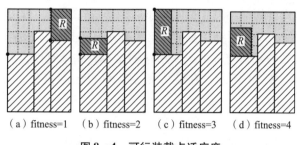

（a）fitness=1　（b）fitness=2　（c）fitness=3　（d）fitness=4

图 8 – 4　可行装载点适应度

得到货物可行装载点的适应值后，再按照以下启发式规则进行调整：

（1）车厢内侧装载优先原则，最靠外的可装载点适应值增加；

（2）左下侧边缘装载优先原则，否则适应值增加；

（3）货物装入可行区后，剩余空隙越小越好，根据空隙大小增加适应值。

在装箱过程中，根据可行装载点的适应值得到每个物品的当前可行装载点的优先级别，适应值越低，优先级越高。每装入一个货物，计算所有可行装载点优先级，按照顺序选择可行装载点，若第 i 个货物的优先级最高的可行装载点装箱失败，则使用优先级较低的下一可行装载点，依次遍历所有可行装载点后，如成功则继续装载货物，若失败，则返回至第 $i-1$ 个货物，同样选择优先级较低的第二个可行装载点，依次循环，直至装载完所有货物。

二、GQPSO 算法步骤

GQPSO 算法在保持粒子群算法求解精度基础上，引入量子理论，结合量子进化算法种群多样性的优点增强算法的全局寻优能力；同时为增强算法收敛速度，加入遗传算法的交叉变异机制从而对邻域进行搜索，以增加解的多样性。在实现车辆路径与装箱同时优化问题上，本章采用面积收缩系数进行调节。求解 2L - CVRP 问题的具体步骤如下。

步骤 1：初始化算法参数。其中包括粒子数目、面积收缩系数、各惩罚系数等。

步骤 2：初始化粒子群。对粒子采用 2L 实数编码，并对粒子进行合法化调整。

步骤 3：计算所有粒子的适应值。记录每个粒子的历史最优解，所有粒子的全局最优。

步骤 4：通过量子思想更新粒子位置。

步骤 5：遗传操作。对粒子群进行线路间交叉与线路内变异，并计算变异后的适应值，若优化则进行变异，否则不进行变异。

步骤 6：判断是否满足最大线路迭代次数或满足连续 K 次未进行最优解优化，不满足则返回步骤 3；满足则继续步骤 7。

步骤 7：根据最优线路方案，根据先进后出原则确定装货顺序。

步骤 8：根据装货顺序选择货物 i，计算当前货物 i 的可行装货点适应度，并进行排序。

步骤 9：根据当前货物 i 的可行装载点排序进行当前最优装货点 m。

步骤 10：依次遍历所有货物，若所有货物均找到可行位置，则算法终止，输出最优解；若有一个货物装箱未成功，且 $m \leqslant M$，令 $m = m + 1$，返回步骤 9；若 $m > M$，返回上一货物 $i = i - 1$，跳至步骤 11。

步骤 11：判断第一个货物是否遍历所有可行装载位置 M 仍未装箱成功，若是，跳至步骤 12。

步骤 12：总循环，若 $t \leqslant T_{max}$，车厢面积进行收缩，$S = S \times PS$，跳返回步骤 2；若 $t > T_{max}$，算法终止，未找到可行解。

算法流程框架如图 8 - 5 所示。

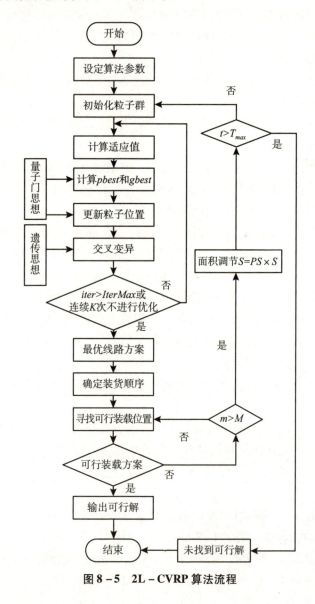

图 8 - 5　2L - CVRP 算法流程

第三节　数值试验

本章的 GQPSO 算法采用 Matlab 程序编程实现，并在操作系统为 Windows 7、配置为 Intel Core 2 Quad 2.67GHz、2G 内存的机器上运行。为了验证算法对于 2L - CVRP 问题的解决，选取 30 个约里（Iori）提出的 Benchmark 算例进行了测试。

通过对数据的初步测试，我们确定了 GQPSO 算法的参数值：粒子数目 $ParticleNum = 200$，线路规划最大迭代次数 $IterMax = 100$，连续不优化次数 $K = 20$，总循环次数 $T_{max} = 10$，面积收缩系数 $= 0.95$，交叉概率 $P_c = 0.3$，变异系数 $P_m = 0.1$，超容量惩罚系数与超面积惩罚系数 α、β 皆为 1000。

为了验证本节算法的有效性，先使用 2L - CVRP Benchmarks 算例进行验证。这些算例是由约里等（Iori et al.）通过 5 种分类将托特和维戈（Toth，Vigo）介绍的 36 个经典 CVRP 算例拓展形成的 180 个算例，本节随机选取其中的 30 个进行试验。算例中车厢的长和宽分别为 40 和 20，顾客之间的距离为欧式距离。将本节算法结果与迪阿梅尔（Duhamel）等学者的 GRASP×ELS 算法得到的最优解进行比较。如表 8 - 1 所示，Best 是每种算法所得到的最优解；Time 是算法运行的平均时间，以秒为单位；% Gap 指本节算法结果在 GRASP×ELS 算法结果基础上的优化率。

表 8 - 1　　　　　　　　Benchmark 算例结果比较

No.	Iori. No	GRASP×ELS		GQPSO		% Gap
		Best	Time(s)	Best	Time(s)	
1	0201	334.96	0.0	327.24	1.10	2.30
2	0202	334.96	0.0	330.12	1.20	1.44
3	0203	352.16	0.1	340.84	1.10	3.21

No.	Iori. No	GRASP × ELS		GQPSO		% Gap
		Best	Time(s)	Best	Time(s)	
4	0204	334. 96	0. 1	320. 23	1. 10	4. 40
5	0205	334. 96	0. 0	329. 50	1. 30	1. 63
6	0601	495. 85	0. 0	487. 26	2. 20	1. 73
7	0602	495. 85	0. 4	488. 51	1. 40	1. 48
8	0603	498. 16	0. 6	492. 35	2. 60	1. 17
9	0604	498. 32	0. 5	498. 32	3. 20	0. 00
10	0605	495. 85	0. 0	495. 85	4. 10	0. 00
11	1201	610. 00	0. 2	599. 87	3. 20	1. 66
12	1202	610. 57	5. 4	601. 16	4. 10	1. 54
13	1203	610. 00	54. 1	609. 43	15. 80	0. 09
14	1204	614. 23	1. 6	614. 23	14. 30	0. 00
15	1205	610. 23	6. 4	610. 04	19. 40	0. 03
16	1601	698. 61	0. 0	697. 85	7. 90	0. 11
17	1602	698. 61	0. 9	698. 61	10. 20	0. 00
18	1603	698. 61	2. 9	693. 24	19. 20	0. 77
19	1604	703. 35	12. 0	699. 20	22. 50	0. 59
20	1605	698. 61	8. 4	694. 97	30. 40	0. 52
21	2301	835. 26	3391. 3	833. 17	2211. 10	0. 25
22	2302	1041. 04	1226. 9	1041. 04	3289. 50	0. 00
23	2303	1081. 48	1288. 2	1071. 20	2974. 30	0. 95
24	2304	1080. 02	1523. 1	1078. 62	3037. 40	0. 13
25	2305	950. 09	1456. 3	946. 20	2976. 30	0. 41
26	3301	1301. 06	4842. 1	1300. 10	6928. 40	0. 07
27	3302	2285. 94	5000. 4	2279. 50	5993. 20	0. 28
28	3303	2390. 58	4853. 6	2383. 84	6259. 80	0. 28
29	3304	2308. 40	3908. 2	2308. 23	6788. 40	0. 01
30	3305	2046. 00	4713. 7	2044. 57	10892. 20	0. 07
平均值						0. 84

由于本章的 GQPSO 算法属于群体智能算法，因此在运行时间上并不具有优势。但本章算法显著提升了最优解的质量，在 30 个 Benchmark 算例中，25 个结果已经超越 GRASP × ELS 的最优结果，其他 5 个结果与 GRASP × ELS 结果相同，整体提升幅度达到 0.84%。数值试验表明本章的 GQPSO 算法在解决车辆路径问题以及二维装箱问题上具有较好的性能。

第四节　本　章　小　结

本章研究了带二维装箱约束的车辆路径优化模型，建立了相应的数学模型，并设计了一种结合量子行为、遗传操作和粒子群算法的 GQPSO 混合算法进行求解，针对装箱问题设计一种基于优先级排序策略的启发式算法。通过标准算例分析发现 GQPSO 算法在多个算例结果上已超越已发表文献中的最优解，从而证明了算法的高效性。本章的研究对解决实际中物流配送车辆运输问题具有较高的理论意义与实践价值。

第九章

求解带二维装箱约束的车辆路径
优化问题的混合自适应遗传算法

第一节 带二维装箱约束的车辆路径优化问题数学模型

一、问题描述

第八章已进行描述，本章不再重复。

二、建立模型

根据 2L – CVRP 问题描述，在上节给出的变量基础上，需要增加以下决策变量：

$$x_{ijh} = \begin{cases} 1, & \text{车辆 } h \text{ 由客户 } i \text{ 驶向客户 } j \\ 0, & \text{其他} \end{cases}$$

$$y_{ih} = \begin{cases} 1, & \text{客户 } i \text{ 的货物由车辆 } h \text{ 配送} \\ 0, & \text{其他} \end{cases}$$

$$z_h = \begin{cases} 1, & \text{车辆 } h \text{ 被使用} \\ 0, & \text{其他} \end{cases}$$

由此建立 2L – CVRP 数学模型：

$$\min Z = \sum_{i=0}^{n} \sum_{j=0}^{n} \sum_{h=1}^{m} d_{ij} \cdot x_{ijh} \qquad (9.1)$$

$$\text{s. t.} \sum_{h=1}^{m} y_{ih} = 1 \ , \ i = 1 \ , \ \cdots \ , \ n \tag{9.2}$$

$$\sum_{j=1}^{n} x_{0jh} = z_h \ , \ h = 1 \ , \ 2 \ , \ \cdots \ , \ m \tag{9.3}$$

$$\sum_{i=1}^{n} x_{i0h} = z_h \ , \ h = 1 \ , \ 2 \ , \ \cdots \ , \ m \tag{9.4}$$

$$\sum_{i=1}^{n} D_i \cdot y_{ih} \leqslant Q \ , \ h = 1 \ , \ 2 \ , \ \cdots \ , \ m \tag{9.5}$$

$$\sum_{i=1}^{n} a_i \cdot y_{ih} \leqslant A \ , \ h = 1 \ , \ 2 \ , \ \cdots \ , \ m \tag{9.6}$$

$$\sum_{i=1}^{n} x_{ijh} = y_{jh} \ , \ j = 1 \ , \ 2 \ , \ \cdots \ , \ n \ , \ h = 1 \ , \ 2 \ , \ \cdots \ , \ m \tag{9.7}$$

$$\sum_{j=1}^{n} x_{ijh} = y_{ih} \ , \ i = 1 \ , \ 2 \ , \ \cdots \ , \ n \ , \ h = 1 \ , \ 2 \ , \ \cdots \ , \ m \tag{9.8}$$

$$\sum_{i=1}^{n} \sum_{j=1}^{n} x_{ijth} = |S| - 1 \ , \ t = 1 \ , \ 2 \ , \ \cdots \ , \ P \ , \ h = 1 \ , \ 2 \ , \ \cdots \ , \ m \ ,$$
$$S = \{ (i, j) \mid (i, j) \in V, \ i, j = 1, \ \cdots, \ n \} \tag{9.9}$$

$$0 \leqslant r_{im} \leqslant W_t - w_{im} \ , \ \forall i \in \{1, \ 2, \ \cdots, \ n\} \ , \ m \in \{1, \ 2, \ \cdots, \ m_i\} \tag{9.10}$$

$$0 \leqslant v_{im} \leqslant L_t - l_{im} \ , \ \forall i \in \{1, \ 2, \ \cdots, \ n\} \ , \ m \in \{1, \ 2, \ \cdots, \ m_i\} \tag{9.11}$$

$$r_{im} + w_{im} \leqslant r_{i'm'} \ , \ \forall i, \ i' \in \{1, \ 2, \ \cdots, \ n\} \ ,$$
$$m \in \{1, \ 2, \ \cdots, \ m_i\} \ , \ m' \in \{1, \ 2, \ \cdots, \ m_{i'}\} \ , \ i \neq i' \tag{9.12}$$

$$v_{im} + l_{im} \leqslant v_{i'm'} \ , \ \forall i, \ i' \in \{1, \ 2, \ \cdots, \ n\} \ ,$$
$$m \in \{1, \ 2, \ \cdots, \ m_i\} \ , \ m' \in \{1, \ 2, \ \cdots, \ m_{i'}\} \ , \ i \neq i' \tag{9.13}$$

其中，公式（9.1）为目标函数，表示车辆运输距离最小化；公式（9.2）表示所有顾客仅被访问一次；公式（9.3）和公式（9.4）表示车辆的起始点必须为车场；公式（9.5）表示车辆载重不可超过车辆容量 Q；公式（9.6）为车辆装载面积不可超过车厢底面积 A；公式（9.7）和公式（9.8）表示决策变量之间的关系，绑定了二维装箱变量和车辆路径变量；公式（9.9）为支路消除约束，即消除构成不完整的行车路线；公式（9.10）~公式(9.13)为装箱约束，其中，公式（9.10）和公式（9.11）表示所有货物必须装入车厢底部，公式（9.12）、公式（9.13）表示货物不能重叠。

第二节 自适应遗传算法

一、标准自适应遗传算法

自适应遗传算法（Adaptive Genetic Algorithm，AGA）由斯瑞尼瓦斯和帕特奈克（Srinivas，Patnaik）于1994年提出。自适应遗传算法将遗传算法中固定的交叉概率 P_c 与变异概率 P_m 进行改进，使其能够随群体适应值进行调整。即当种群个体之间的适应度相差较小时，则增加 P_c 和 P_m，当种群适应度相差较大时，减小 P_c 和 P_m。自适应交叉概率与自适应变异概率公式为：

$$P_c = \begin{cases} k_1, & f_c \leqslant f_{avg} \\ k_2 \dfrac{f_{max} - f_c}{f_{max} - f_{avg}}, & f_c > f_{avg} \end{cases} \tag{9.14}$$

$$P_m = \begin{cases} k_3, & f_m \leqslant f_{avg} \\ k_4 \dfrac{f_{max} - f_m}{f_{max} - f_{avg}}, & f_m > f_{avg} \end{cases} \tag{9.15}$$

式中，f_{max} 表示种群最大的适应度；f_{avg} 表示种群平均适应度；f_c 表示要交叉的染色体适应度；f_m 表示要变异的染色体适应度；k_1、k_2、k_3 和 k_4 均为 0~1 的常数。

由公式（9.14）、公式（9.15）可知，如果个体的适应度低于种群平均适应度，则其交叉概率与变异概率较大，增强全局搜索能力。如果个体适应度大于种群平均适应度，则其交叉概率与变异概率较小，增强局部搜索能力。

虽然自适应调节的机制能够使种群均衡各时期的全局与局部搜索能力，但是在进化初期，由于适应度较高的优良个体交叉与变异的概率较低，极易导致"早熟"现象。因此，本节将遗传过程分为前期与后期两阶段，前期采用固定参数的遗传操作，后期采用自适应遗传操作，改进交叉方法，并使用局部搜索替代变异操作，从而提出一种新的混合自适应遗传算法（AGA – LS）。

二、混合自适应遗传算法

本节根据2L – CVRP模型的要求，设计由2部分组成的自然数编码方式，染色体第一部分表示配送中心车辆数及每辆车服务的顾客数目，染色体第二部分表示车辆服务顾客的顺序。假设配送中心有3辆车，有8个待服务的顾客点，如图9 – 1染色体所示。

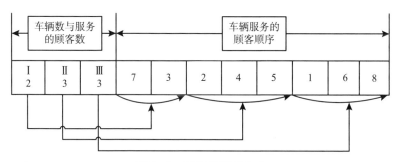

图 9 – 1　染色体编码方式

则该染色体解码后所表示的配送方案为：

车 Ⅰ：0→7→3→0
车 Ⅱ：0→2→4→5→0
车 Ⅲ：0→1→6→8→0

此染色体编码方式将客户点需求、客户访问顺序同时考虑，避免了常用算法中大路径分割方式所带来的局限性。在算法复杂度上，维数的提高并未增加算法复杂度，反而减少求解过程的计算量。

本节算法中初始解的产生通过随机方式产生。先在不考虑装箱约束与容量约束的前提下，随机生成 k 条路径（k 为车辆总数），将 n 个顾客随机安排到一条路径中。当所有客户插入完毕，再进行染色体不可行解的调整。

2L – CVRP 问题中约束条件同时包括车辆装箱约束与路径约束，因此在搜索合法解过程中，过多的约束限制了算法的搜索空间。因此本节算法中允许搜索不满足约束条件的解空间，从而使算法在合法解与非法解之间扰动，以避免陷入局部最优。对于任何一条路径，其适应度包括 3 部分：第一部分为行驶成本，用距离表示；第二部分为超容量惩罚 $Q\_Violation = Q_x - Q$，Q_x 是当前路径 x 所有顾客所需的货物总重；第三部分为超面积惩罚 $S\_Violation = (L_x - L) \times W$，$L_x$ 是当前路径 x 装箱算法中所需的最小装箱长度。则适应度表达式为：

$$fitness(x) = \sum_{i=0}^{n} \sum_{j=0}^{n} \sum_{h=1}^{m} d_{ij} \times x_{ijh} + \alpha \times Q\_Violation(x) + \beta \times S\_Violation(x) \qquad (9.16)$$

式中，α、β 分别表示超容量惩罚系数、超面积惩罚系数。针对不同的问题，适应度函数取值范围相差较大，泛化能力较差，因此本节采用公式（9.17）作为最终适应度函数。

$$Fitness(x) = \sum_{i=0}^{n} \sum_{j=0}^{n} d_{ij}/fitness(x) \qquad (9.17)$$

通过在合法搜索空间与非法搜索空间的振荡，搜索空间增大，最终只有合法解才能作为搜索到的最优解进行输出，因此更易搜索到全局最优解。

本节的混合自适应遗传算法（AGA – LS）引入黄金分割率作为遗传过程两阶段的划分。在生物界中，黄金分割率经常体现在事物之间的和谐与均衡关系中，方千山（2005）将黄金分割率引入模拟生物进化的遗传过程，通过等比搜索原则收缩范围，提高了算法搜索效率。本节以黄金分割点作为遗传操作前后期的分割点，在遗传操作前期，即 $\dfrac{t}{IterMax}$ ≤ 0.618 时，交叉概率为固定值；遗传操作后期，即 $\dfrac{t}{IterMax}$ > 0.618 时，交叉概率按照公式（9.14）进行自适应调整。这样便可使种群在前期过程中更大机会地进行交叉操作，增强全局搜索的能力。

得到个体的交叉概率 P_c 后，为了再次提高种群多样性，将种群按照染色体适应值大小分为 2 组，一组为适应值较高的染色体，另一组为适应值较低的染色体，从 2 组中随机选择一个个体进行交叉。通过分组选择机制可以提高较好的染色体与较差的染色体的交叉概率，避免陷入局部最优。

根据染色体的编码方式，交叉操作也分为 2 部分，染色体第一部分执行均匀交叉，即随机产生于第一部分等长度的二进制串，若为 0 则不交叉，若为 1 则交叉；染色体第二部分采用顺序交叉。在父代染色体第一部分随机选择一个基因，将基因上所对应的第二部分顾客点作为交叉段。将父代交叉段基因进行交换，则换入的基因所对应的位置使用换出基因代替，若两父代选择的第一部分数字不相同，则将第二个父代向后移动选择与第一个父代数字相同为止。如图 9 - 2 所示，A 和 B 为 2 个父代，X 为随机生成的二进制串，C 和 D 为混合交叉后产生的子代。

遗传算法中变异操作的随机性太高，因此很难得到适应度好的解。为了既能增加解的多样性，同时使种群向最优化方向进化，本节使用局部搜索（local search）替代变异操作。

使用 2 - Opt、3 - Opt 混合的方法对子代进行局部搜索。2 - Opt 过程中，先随机选择 2 条路径，从每条路径中随机选择一个顾客点，对选定的顾客点进行交换，如图 9 - 3 所示。交换完成后，计算适应度是否更优，如果更优则保留此交换操作，否则取消此操作。3 - Opt 优化时，随机选择个体的某一条路径中的 2 个顾客点进行交换，如图 9 - 4 所示。交换完成后，计算适应度是否更优，如果优化则保留交换操作,否则取消此操作。

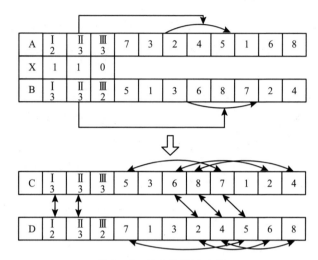

图 9 - 2　染色体混合交叉

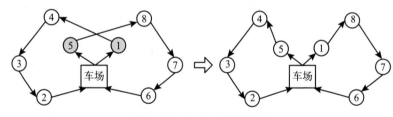

图 9 - 3　2 - Opt 局部搜索

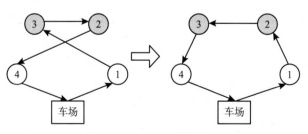

图 9 - 4　3 - Opt 局部搜索

车辆装箱过程中，以车厢左下角为坐标原点，以车厢宽度方向为 x 轴，车厢长度方向为 y 轴。根据货物最小尺寸粒度将车厢矩形进行划分，形成 $m \times n$ 的网格，车厢的装载点信息使用（横坐标，剩余宽度，剩余长度）表示，每装入一个货物，更新装载点信息。如图 9-5 所示，在装入 A 后，装载点包括 $a(0, W, L-l_A)$、$b(1, W-1, L-l_A)$、$c(2, W-2, L)$、$\cdots$、$(m-2, 1, L)$、$(m-1, 0, L)$。由此形成 $m \times 3$ 的矩阵 $postList$。在装载每一个货物时，根据以下规则对 $postList$ 所有装载点进行优先级排序。

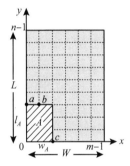

图 9-5　可行装载点坐标信息

（1）货物与可行区长宽相等，适应值为 1，如图 9-6（a）所示。

（2）货物宽度与可行区宽度相等，货物长度小于空间长度，适应值为 2，如图 9-6（b）所示。

（3）货物长度与可行区长度相等，货物宽度小于空间宽度，适应值为 3，如图 9-6（c）所示。

（4）货物宽度小于空间宽度，货物长度小于空间长度，适应值为 4，如图 9-6（d）所示。

（5）货物宽度大于空间宽度或货物长度大于空间长度，适应值为无穷大。

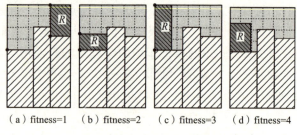

（a）fitness=1　（b）fitness=2　（c）fitness=3　（d）fitness=4

图 9 - 6　可行装载点适应度

得到货物装载点的适应值后，再按照以下启发式规则进行调整。

（1）车厢内侧装载优先原则，最靠外的可装载点适应值增加。

（2）左下侧边缘装载优先原则，否则适应值增加。

（3）货物装入可行区后，剩余空隙越小越好，根据空隙大小增加适应值。

根据以上规则可求解出装载点的适应值，适应值越低，优先级越高，其中适应值小于无穷的为可行装载点，大于无穷的为不可行装载点，在装箱时优先考虑优先级高的装载点，若第 i 个货物的优先级最高的可行装载点装箱失败，则使用优先级较低的下一可行装载点，依次遍历所有可行装载点后，如成功则继续装载货物，若失败，则返回至第 $i-1$ 个货物，同样选择优先级较低的第二个可行装载点，依次循环，直至装载完所有货物。

三、算法整体步骤与流程

AGA - LS 算法通过自适应调整策略以及分组交叉策略提高种群的多样性，并引入局部搜索机制在保持多样性的基础上，诱导种群向最优方向进化。在实现车辆路径与装箱同时优化问题上，本节采用面积收缩系数进行调节。求解 2L - CVRP 问题的具体步骤如下。

步骤1：初始化算法参数。其中包括种群数目、面积收缩系数、各惩罚系数等。

步骤2：初始化群体。染色体编码，并对染色体进行合法化调整。

步骤3：计算所有个体的适应度。记录计算群体的平均适应度与最大适应度，群体按照适应度大小分为2组。

步骤4：交叉操作。根据迭代次数选择固定交叉概率与自适应交叉概率，根据交叉概率对染色体进行两部分混合交叉。

步骤5：局部搜索。对种群个体进行2 - Opt、3 - Opt局部搜索，适应值优化则保留，否则取消此操作。

步骤6：判断是否满足最大线路迭代次数，不满足则返回步骤3；满足则继续步骤7。

步骤7：根据最优线路方案，根据货物面积排序，优先装载面积较大货物，确定装货顺序。

步骤8：根据装货顺序选择货物 i，计算当前货物 i 的装货点适应度，并进行排序。

步骤9：根据当前货物 i 的可行装载点排序进行当前最优装货点 m。

步骤10：依次遍历所有货物，若所有货物均找到可行位置，则算法终止，输出最优解；若有一个货物装箱未成功，且 $m \leqslant M$，令 $m = m + 1$，返回步骤9；若 $m > M$，返回上一货物 $i = i - 1$，跳至步骤11。

步骤11：判断第一个货物是否遍历所有可行装载位置 M 仍未装箱成功，若是，跳至步骤12。

步骤12：总循环，若 $t \leqslant T_{max}$，车厢面积进行收缩，$S = S \times PS$，跳返回步骤2；若 $t > T_{max}$，算法终止，未找到可行解。

算法流程框架如图9 - 7所示。

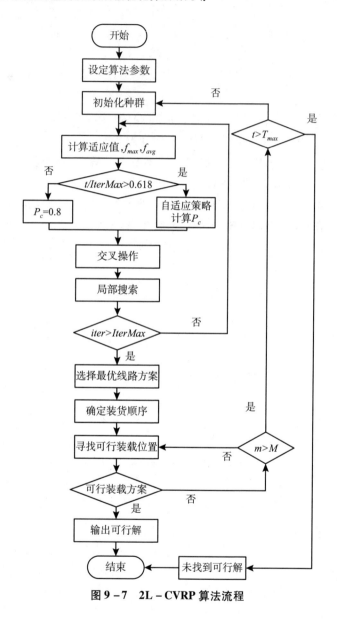

图 9 – 7 2L – CVRP 算法流程

第三节　数 值 试 验

本章的 AGA – LS 算法采用 Matlab 程序编程实现，并在操作系统为 Windows 7、配置为 Intel Core 2 Quad 2.67GHz、2G 内存的机器上运行。为了验证算法，选取 25 个 Iori 提出的 Benchmark 算例进行了测试。

通过对数据的初步测试，我们确定了 AGA – LS 算法的参数值：种群规模 $Num = 30$，线路规划最大迭代次数 $IterMax = 500$，总循环次数 $T_{max} = 10$，面积收缩系数 $PS = 0.95$，固定交叉概率 $P_c = 0.9$，$k_1 = 0.85$，$k_2 = 0.8$，超容量惩罚系数与超面积惩罚系数 α、β 皆为 1000。

为了验证本章算法的有效性，使用 Iori 等将 36 个经典 CVRP 算例拓展形成的 180 个 Benchmarks 算例进行试验，本节随机选取其中 25 个算例进行测试，并将算法结果与 Zarchariadis 等学者的 ACO 算法、迪阿梅尔（Duhamel）等学者的 GRASP × ELS 算法得到的最优解进行比较。如表 9 – 1 所示，Best 是每种算法所得到的最优解；Time 是算法运行的平均时间，以秒为单位;% gap 指本节算法结果在 GRASP × ELS 算法结果基础上的优化率。

表 9 – 1　　　　　Benchmark 算例结果比较

No.	Iori. No	ACO		GRASP × ELS		AGA – LS		% gap
		Best	Time(s)	Best	Time(s)	Best	Time(s)	
1	0201	334.96	0.05	334.96	0.0	327.24	0.0	2.30
2	0202	334.96	0.14	334.96	0.0	330.12	0.0	1.44
3	0203	352.16	0.44	352.16	0.1	345.84	0.2	1.79
4	0204	342.00	0.13	334.96	0.1	327.23	0.2	2.31
5	0205	334.96	0.04	334.96	0.0	330.50	0.0	1.33
6	0701	568.56	0.24	568.56	0.0	564.23	0.0	0.76

No.	Iori. No	ACO		GRASP×ELS		AGA－LS		% gap
		Best	Time(s)	Best	Time(s)	Best	Time(s)	
7	0702	725.46	3.99	725.46	0.3	725.46	0.3	0.00
8	0703	701.08	4.10	678.75	0.2	678.75	0.3	0.00
9	0704	702.45	4.79	702.45	2.0	702.45	1.1	0.00
10	0705	658.64	6.41	657.77	3.0	652.80	0.2	0.76
11	0901	607.65	0.57	607.65	0.0	585.47	0.7	3.65
12	0902	607.65	2.39	607.65	0.2	598.60	2.1	1.49
13	0903	607.65	2.00	607.65	0.3	599.41	0.9	1.36
14	0904	625.13	3.02	625.10	1.7	620.17	1.4	0.79
15	0905	607.65	1.10	607.65	0.2	605.26	1.3	0.39
16	1701	861.79	3.28	861.79	0.0	861.79	0.9	0.00
17	1702	870.86	4.68	870.86	53.1	860.39	11.2	1.20
18	1703	861.79	3.41	861.79	2.3	851.22	4.8	1.23
19	1704	861.79	4.08	861.79	29.7	854.20	10.6	0.88
20	1705	861.79	3.79	861.79	1.3	860.72	2.9	0.12
21	2301	845.34	55.94	835.26	3391.3	835.26	1783.2	0.00
22	2302	1043.99	1191.50	1041.04	1226.9	1041.04	1482.1	0.00
23	2303	1098.70	298.37	1081.48	1288.2	1078.20	698.4	0.30
24	2304	1089.66	281.65	1080.02	1523.1	1080.02	1691.2	0.00
25	2305	956.55	300.97	950.09	1456.3	950.09	752.5	0.00
平均值								0.88

本节算法显著提升了最优解的质量，在 25 个 Benchmark 算例中，17 个结果已经超越 ACO、GRASP×ELS 的最优结果，其他 8 个结果与 ACO、GRASP×ELS 结果相同，整体提升幅度达到 0.88%。数值试验表明本节的 AGA－LS 算法在解决车辆路径问题以及二维装箱问题上具有较好的性能。

第四节 本 章 小 结

本章针对带二维装箱约束的车辆路径问题进行了研究，在对问题定义的基础上建立 2L – CVRP 数学模型，结合自适应遗传算法与局部搜索策略，设计了一种混合自适应遗传算法（AGA – LS）对问题进行求解：算法设计双结构自然数染色体编码方式；遗传过程通过黄金分割率划分为两阶段，两阶段分别采用固定交叉与自适应交叉，交叉操作实行分组交叉，以提高种群多样性；引入局部搜索替换变异操作；提出一种基于优先级排序策略的启发式算法求解装载方案，通过面积调节系数实现路径优化与装箱的协同优化。为了验证算法的性能，通过标准算例分析发现 AGA – LS 算法在多个算例结果上超越已有文献中的最优解，从而证明了算法的高效性。

第十章

考虑三维装箱约束的车辆
路径问题模型及算法

第三章中指出 BP – CVRP 的研究成果主要集中在 2L – CVRP 和 3L – CVRP 2 类问题上。其中 2L – CVRP 不考虑货物和车厢高度，在二维平面上安排货物位置，实际配送中将浪费很多车厢空间，不符合物流配送的实际情况。因此，本章主要研究考虑三维装箱约束的车辆路径问题，在研究现有求解算法的基础之上提出遗传算法和引导式局部搜索算法结合的混合算法进行求解。本章第一节给出 3L – CVRP 数学模型，第二节给出求解方法，第三节设计数值试验以检验模型和算法，第四节为本章小结。

第一节　考虑三维装箱约束的车辆路径问题数学模型

一、问题描述

3L – CVRP 问题在第三章中已进行了相关描述，此处不再重复。

二、建立模型

在物流配送过程中，根据实际情况可以选择全部或部分约束建立 3L – CVRP 模型。为了配合下一章的算法设计部分，本节建立的

3L-CVRP 模型分为车辆路径模型和三维装箱模型 2 个部分。车辆路径模型如下：

$$\min J = \sum_{p=1}^{P} \sum_{j=0}^{n} \sum_{i=0}^{n} c_{ij} \cdot y_{ij}^{p} \qquad (10.1)$$

$$\text{s. t.} \sum_{p=1}^{P} \sum_{j=0}^{n} y_{ij}^{p} = 1, \quad i = 0, 1, \cdots, n, \quad i \neq j \qquad (10.2)$$

$$\sum_{j=1}^{n} y_{0j}^{p} = x^{p}, \quad p = 1, 2, \cdots, P \qquad (10.3)$$

$$\sum_{j=1}^{n} y_{j0}^{p} = x^{p}, \quad p = 1, 2, \cdots, P \qquad (10.4)$$

$$\sum_{i=0}^{n} y_{il}^{p} - \sum_{j=0}^{n} y_{lj}^{p} = 0, \quad l = 1, \cdots, n, \quad p = 1, 2, \cdots, P, \quad l \neq i, \quad l \neq j \qquad (10.5)$$

$$\sum_{i=1}^{n} z_{i}^{p} \cdot d_{i} \leqslant D, \quad p = 1, 2, \cdots, P \qquad (10.6)$$

$$\sum_{i=1}^{n} z_{i}^{p} \cdot v_{i} \leqslant V, \quad p = 1, 2, \cdots, P \qquad (10.7)$$

$$\sum_{j=0}^{n} y_{ij}^{p} = z_{i}^{p}, \quad i = 1, \cdots, n, \quad p = 1, 2, \cdots, P, \quad i \neq j \qquad (10.8)$$

$$\sum_{i, j \in U} y_{ij}^{p} \leqslant |S| - 1, \quad p = 1, 2, \cdots, P,$$
$$S = \{(i, j) \mid (i, j) \in A, \quad i, j = 1, \cdots, n\} \qquad (10.9)$$

模型中的决策变量为：

$$x^{p} = \begin{cases} 1, & \text{若车辆 } p \text{ 被征用} \\ 0, & \text{否则} \end{cases}$$

$$y_{ij}^{p} = \begin{cases} 1, & \text{若线路 } (i, j) \text{ 由车辆 } p \text{ 服务} \\ 0, & \text{否则} \end{cases}$$

$$z_{i}^{p} = \begin{cases} 1, & \text{若顾客 } i \text{ 的货物由车辆 } p \text{ 配送} \\ 0, & \text{否则} \end{cases}$$

$p = 1, 2, \cdots, P, \quad i = 1, 2, \cdots, n, \quad j = 1, 2, \cdots, n, \quad i \neq j$。

目标函数（10.1）表示最小化车辆行驶路程；式（10.2）表示所有顾客只被访问一次；式（10.3）和式（10.4）表示车辆从配送中心出发，服务完所有顾客之后返回配送中心；式（10.5）表示车辆进入某节点，也必须从该节点离开；式（10.6）表示每辆车装载货物的重量之和不超过车辆限制载重；式（10.7）表示每辆车装载货物的体积之和不超过车辆限制容积；式（10.8）绑定了三维装箱变量和车辆路径变量；式（10.9）为支路消除约束，保证任何路线中只包含一个配送中心。

在建立三维装箱模型之前，先建立一个笛卡尔坐标系。坐标系的坐标轴分别对应于车厢的长、宽和高，坐标系的原点位于车厢内侧左下角，如图 10-1 所示。货物底部左前方的位置用坐标 (x, y, z) 表示，则有：

$$x \in X = \{0, 1, \cdots, L - \min_{ik}(l_{ik})\}$$

$$y \in Y = \{0, 1, \cdots, W - \min_{ik}(w_{ik})\}, \text{ 其中 } k = 1, 2, \cdots, m_i,$$
$i = 1, 2, \cdots, n$。

$$z \in Z = \{0, 1, \cdots, H - \min_{ik}(h_{ik})\}$$

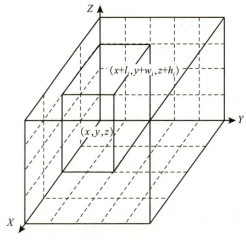

图 10-1　3L - MDCVRP 装箱空间示意图

由于货物大小不同，因此即使货物总体积小于车厢容积，也有可能无法将所有货物都装入车厢。考虑到这一点，本节以最大化装入车厢内货物数为目标建立 3LP 模型，则可行解的目标函数值等于总货物数。3LP 模型如下：

$$\max \sum_{i=1}^{n_p} \sum_{x \in X} \sum_{y \in Y} \sum_{z \in Z} s_i \cdot a_i^{xyz} \tag{10.10}$$

$$\text{s. t.} \quad \sum_{i=1}^{n_p} \sum_{x \in X} \sum_{y \in Y} \sum_{z \in Z} L_{ij} \cdot W_{ij} \cdot a_i^{xyz} \geqslant \rho \cdot l_j \cdot w_j \cdot a_j^{x'y'z'} ,$$
$$j = 1, 2, \cdots, n, \ p = 1, 2, \cdots, P \tag{10.11}$$

$$\sum_{i=1}^{n_p} \sum_{x \in X} \sum_{y \in Y} \sum_{z \in Z} \sigma_i \cdot a_i^{xyz} \geqslant \sum_{i=1}^{n_p} \sum_{x \in X} \sum_{y \in Y} \sum_{z \in Z} \frac{d_j}{l_j \cdot w_j} \cdot a_j^{x'y'z'} ,$$
$$p = 1, 2, \cdots, P \tag{10.12}$$

$$a_i^{xyz} = \begin{cases} 1 \\ 0 \end{cases}, \ i = 1, 2, \cdots, n_p, \ x \in X, \ y \in Y, \ z \in Z \tag{10.13}$$

$$L_{ij} = \min(x + l_i, \ x' + l_j) - \max(x, \ x') ,$$
$$j = 1, 2, \cdots, n, \ x \in X, \ x' \in X \tag{10.14}$$

$$W_{ij} = \min(y + w_i, \ y' + w_j) - \max(y, \ y') ,$$
$$j = 1, 2, \cdots, n, \ y \in Y, \ y' \in Y \tag{10.15}$$

式中，n_p 表示车辆 p 装载的货物数，(x', y', z') 表示另一个货物底部左前方的可能位置坐标，σ_i 表示货物顶部任意一点所能承受的最大压强。VRP 模型中 i 表示顾客，3LP 模型中 i 表示货物。

式（10.10）为目标函数，最大化装入车辆的总货物数；式（10.11）保证了所有货物都必须有支撑区域（不可悬空放置），且货物不能堆叠；式（10.12）用于区分易碎品和非易碎品，σ_i 取值为 0 表示货物为易碎品，取值为 1 表示非易碎品，非易碎品不可放在易碎品之上；式（10.13）给出了决策变量；式（10.14）和式（10.15）计算货物的长和宽。模型中的变量和标识参考文献 Ruan, Zhang, Miao, Shen（2013）和文献 Junqueira, Morabito, Sato Yamashita（2012）。

第二节　引导式局部搜索遗传算法

VRP 和 3LP 都是 NP – Hard 问题，因此 3L – CVRP 也必然是 NP – Hard 问题。对于顾客数和货物数比较多的问题，精确算法已经无法在可行时间范围内进行求解，因此本节把改进遗传算法和装箱启发式算法结合起来，构造求解 3L – MDCVRP 的引导式局部搜索遗传算法（Guided Local Search Genetic Algorithm，GLSGA）。其中，车辆路径问题部分由改进的遗传算法（Genetic Algorithm，GA）求解，三维装箱问题部分由引导式局部搜索（Guided Local Search，GLS）启发式算法求解。

一、遗传算法

此处采用的遗传算法比较基本，遗传算法各部分策略均与经典遗传算法相似，部分策略为适应 3L – CVRP 问题的特点做出调整。

（1）编码规则。根据 3L – CVRP 的特点，采用简单直观的自然数编码方式，初始种群随机产生。假设某配送过程有 n 个顾客、p 辆车，则编码长度为 $n + p - 1$，染色体为 $(1, 2, \cdots, n, n+1, \cdots, n+p-1)$，其中 $(1, 2, \cdots, n)$ 表示顾客，$(n+1, \cdots, n+p-1)$ 表示配送中心。假设有 5 个顾客、2 辆车，给出一个编码如图 10 – 2 所示。

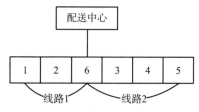

图 10 – 2　染色体编码方案

（2）适应度函数。通常采用目标函数的倒数作为染色体适应度，但是这样计算出的适应度值会比较小，且处理不同问题时取值范围相差很大，因此泛化能力较差。本节提出如下公式作为适应度函数：

$$\frac{\sum\limits_{p=1}^{P}\sum\limits_{j=0}^{n}\sum\limits_{i=0}^{n}c_{ij}}{\sum\limits_{p=1}^{P}\sum\limits_{j=0}^{n}\sum\limits_{i=0}^{n}c_{ij}\cdot y_{ij}^{p}} \tag{10.16}$$

式中，$\sum\limits_{p=1}^{P}\sum\limits_{j=0}^{n}\sum\limits_{i=0}^{n}c_{ij}$ 表示所有节点之间行驶成本总和。在处理取值范围差距较大的问题时，式（10.16）可以将适应度值维持在一个比较稳定的范围内。

（3）选择算子。参考第六章第二节。

（4）交叉算子。交叉操作指的是交换 2 个父代染色体部分基因的遗传操作。根据交叉概率 P_c 选择进入配对池的父代个体，把配对染色体的部分基因加以替换重组，产生子代个体。文献（张丽萍，柴跃廷，2002）中介绍了一种杂交算子，其最大特点是即使父代相同也会产生与父代不同的子代，但是 2 个子代个体是相同的。本节提出新的杂交算子，基本操作是：A 和 B 是任意配对的父代个体，随机产生 2 个交叉点，交叉点之间的基因作为交叉段；把 A 的交叉段移动到 B 的首部得到染色体 B_1，把 B 的交叉段移动到 A 的尾部得到染色体 A_1；A_1 按从后往前的顺序删除相同基因（有相同基因时保留靠后的基因）得到新个体 A_2，B_1 按从前往后的顺序删除相同基因（有相同基因时保留靠前的基因）得到新个体 B_2。当父代个体相同时，本节的杂交算子也能够产生 2 个互不相同的子代个体。

$$A = 123 \;\big|\; 456 \;\big|\; 789 \qquad A_1 = 123 \;\big|\; 456789 \;\big|\; 654 \qquad A_2 = 123789654$$
$$B = 987 \;\big|\; 654 \;\big|\; 321 \quad\longrightarrow\quad B_1 = 456 \;\big|\; 987654 \;\big|\; 321 \quad\longrightarrow\quad B_2 = 456987321$$

（5）变异算子。根据变异概率 P_m 选择参与变异的染色体，采用逆转变异策略，随即产生 2 个变异点，变异点之间的基因逆转排序得到新个体。

$$A = 123\,|456\,|789 \rightarrow A_1 = 123654789$$

由于变异操作是对种群模式的扰动，因此通常选择比较小的变异概率。

（6）记忆库。为了减少 3L－CVRP 的求解时间，本节在遗传算法中加入记忆库机制，具体作用在后面给出，这里只给出记忆库的形成原理。设定记忆库的最大规模为 $MemSize$，把每代种群中的最优个体保存到记忆库中，当最优个体数超过记忆库规模时，去掉记忆库中适应度最小的个体。当遗传算法达到最大迭代次数之后，把当前种群全部加入记忆库中，按适应度值从大到小排列所有个体，删除适应度较小的个体，维持记忆库规模为 $MemSize$。

二、引导式局部搜索

本节讨论如何把货物装入车厢内，且满足装载约束。一般装箱问题以装载货物数最大为目标，而 3L－CVRP 的装箱问题中每辆车装载的货物数是固定的，因此其解空间仅是一般装箱问题解空间的一个子集。针对这样的特点，设计算法的时候只须要在局部进行搜索即可，通过一系列的引导策略寻找问题的局部最优解。3L－CVRP 的装箱过程包括确定货物的装载顺序和寻找可行的装货位置 2 个子问题，下面分别给出这 2 个子问题的求解策略。

（1）初始货物装载顺序。给定车辆路线方案，令 I_{iktp} 为由车辆 tp 服务的顾客 i 所需求的第 k 个货物，其中 $p \in P$，$i \in N$，$k = 1, 2, \cdots,$ m_i。当每条线路上车辆服务顾客的数量和顺序确定之后，把线路上的货物按顾客的相反顺序进行排列，同一顾客的货物非易碎品排在易碎品之前。按照这个顺序排列装货，可以保证先到顾客的货物后装、后到顾客的货物先装（LIFO 规则），还便于在非易碎品的上面放置其他货物。例如，图 10 – 3a 给出了一辆车的装载方案，货物排列顺序为 $\{I_{23}, I_{22}, I_{21}, I_{13}, I_{12}, I_{11}\}$，货物 I_{22} 和 I_{12} 的上面放置了其他货物。

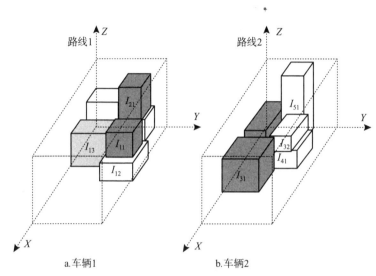

a. 车辆1   b. 车辆2

图 10 – 3   3L – CVRP 可行装箱方案

（2）最终货物装载顺序。本节采用 $O^{j}(j = 1, 2, 3)$ 规则中的一个规则对初始货物顺序进行调整，确定最终货物装载顺序。对于初始装货序列中相同级别的货物（属于相同顾客且同为非易碎品或同为易碎品的货物），O^{1}、O^{2} 和 O^{3} 分别表示把货物按体积（$w \cdot l \cdot h$）、底面积（$w \cdot l$）和高度 h 的降序进行排列，其意义在于：O^{1} 规则优先装载体积较大的货物，以占据较大的可行装货空间；O^{2} 规则优先装载底面积较大的货物，为后续装载的货物提供较大的支撑区域；O^{3} 规则优先装载较高的货物，因为较小的货物更容易放在其他货物之上。图 10 – 3a 中的装载顺序是按照 O^{1} 规则排列的。

（3）可行装货位置顺序。初始可行装货位置均在（0，0，0）

点上，如图 10-4a 所示。装入一个货物之后，可行装货位置更新，产生 A_1、A_2 和 A_3 3 个可行装货位置，如图 10-4b 所示。对于装货序列中的下一个待装货物，需要给出一个可行装货位置的顺序，然后逐个扫描这些位置，直至找到一个满足所有装载约束的可行位置，每个货物需要在两个方向上进行扫描（水平方向可旋转 90 度）。本节采用引导式排序方法给出可行装货位置顺序，引导式排序方法包括 "Back - Left - Low"、"Left - Back - Low"、"Max - Touching - Area - Y"、"Max - Touching - Area - No - Walls - Y"、"Max - Touching - Area - X" 及 "Max - Touching - No - Walls - X" 6 种（Tarantilis，Zachariadis，Kiranoudis，2009b），依次选择 6 种方法中的一个，直至找到可行装载方案。6 种规则的具体操作方法可参考 Trantilis 等的文献。

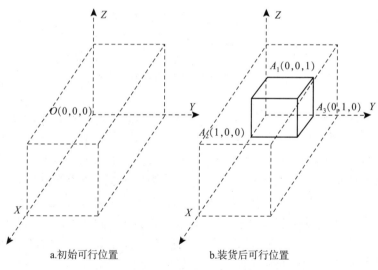

a.初始可行位置　　　　　　　b.装货后可行位置

图 10-4　可行装货位置

（4）重复算法寻找可行解。算法开始先选择 O^1 规则安排货物序列，然后先使用"Back – Left – Low"方法寻找可行位置。如果有货物无法装入车厢，则依次选择后面的 5 个排序方法寻找可行位置。如果全部 6 种排序方法都尝试之后还有货物无法装入车厢，则清空车厢并选择 O^2 规则排列货物顺序，最后选择 O^3 规则。如果 3 个规则都尝试之后还没有找到可行解，那么可以认为当前的车辆路径方案无法找到相应的货物装箱方案。

三、混合启发式算法

GLSGA 的基本思路为：通过改进遗传算法得出 VRP 的近似最优解，近似最优解保存在记忆库中；把记忆库中的个体按适应度值从大到小排列，选择第一个解作为当前车辆路线方案，然后调用装箱问题的启发式算法；如果找到可行装箱方案，则返回最优解，否则，选择记忆库中的下一个解作为车辆路线方案；如果记忆库中所有车辆路线方案均找不到可行解，则返回遗传算法重新求解 VRP；重复算法直至找到可行解，或达到最大迭代次数。

GLSGA 的具体步骤如下。

步骤 1：GLSGA 算法初始化。设定最大循环次数 T，令 $t = 0$。

步骤 2：遗传算法参数初始化。设定遗传算法的种群规模 Pop-$Size$ 和记忆库规模 $MemSize$，设定交叉概率 P_c 和变异概率 P_m，确定最大迭代次数 M，令 $m = 0$。

步骤 3：初始种群生成。对染色体进行编码，用随机方法产生初始种群。

步骤 4：记忆库更新。计算染色体适应度，把当前种群中的最优个体保存进记忆库，若记忆库规模超过 $MemSize$，则去掉适应度值较小的个体。

步骤 5：遗传操作。对当前种群进行选择、交叉和变异等遗传操作。

步骤 6：种群更新。更新当前种群，当 $m \leqslant M$ 时，令 $m = m +$

1，返回步骤 4；当 $m > M$ 时，转步骤 7。

步骤 7：近似最优解集生成。遗传算法终止，把当前种群全部加入记忆库中，并按适应度值排列染色体，保留适应度值最大的 $MemSize$ 个染色体形成近似最优解集。

步骤 8：装箱启发式算法参数初始化。令 $i = 1$，$j = 1$，$k = 1$。

步骤 9：车辆路线方案产生。选择近似最优解集中的第 i 个解作为当前车辆路线方案。

步骤 10：初始装货序列。按照车辆服务顾客顺序的相反顺序排列货物，相同顾客的货物按照非易碎品在前、易碎品在后的顺序排列。

步骤 11：最终装货序列。按照 O^j 规则调整装货顺序，确定最终装货序列。

步骤 12：可行装货位置。按照第 k 个启发式方法扫描所有可能装货位置，按装货序列给每个货物都找到可行装货位置。

步骤 13：可行装货位置循环。若所有货物均找到可行装货位置，算法终止，输出当前最优解；若有一个或多个货物没找到可行装货位置，且 $k \leqslant 6$，令 $k = k + 1$，返回步骤 12；若 $k > 6$，转步骤 14。

步骤 14：装货序列循环。若 $j \leqslant 3$，令 $j = j + 1$，返回步骤 11；若 $j > 3$，转步骤 15。

步骤 15：近似最优解集循环。若 $i \leqslant MemSize$，令 $i = i + 1$，返回步骤 9；若 $i > MemSize$，且 $m \leqslant M$，令 $m = m + 1$，返回步骤 3；若 $m > M$，转步骤 16。

步骤 16：总循环。若 $t \leqslant T$，令 $t = t + 1$，转步骤 2；若 $t > T$，算法终止，找不到可行解。

GLSGA 算法流程如图 10-5 所示。

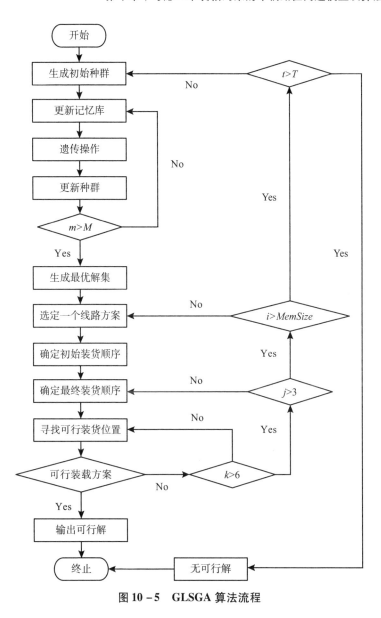

图 10 – 5 GLSGA 算法流程

第三节　数 值 试 验

数值试验采用 Matlab 7.1，计算机 CPU 为 Intel Core I Quad、2.67GHz，2GB 内存，32 位 Windows 8 操作系统。

试验数据来自让德罗等（Gendreau et al.）的文献，总计 27 个 3L – CVRP 标准算例（Gendreau，Iori，Laporte，Martello，2006）。算例包括的信息有：配送中心坐标，顾客数及顾客坐标；每个顾客需求的货物及其需求货物的重量；每个货物的长、宽、高，易碎品与非易碎品标识；配送中心拥有车辆数，车辆最大载重，车厢的长、宽、高。货物堆叠的时候，支撑面积与上层货物底面积的比例最小值为 $\rho = 0.75$。

表 10 – 1 给出 3L – CVRP 算例及已有文献的计算结果，表 10 – 2 给出 GLSGA 算法的计算结果，并与其他文献的计算结果进行比较。

表 10 – 1　　　　3L – CVRP 算例及已有文献计算结果

算例	顾客数	货物数	TS		GTS	
			路程	时间（s）	路程	时间（s）
E016 – 03m	15	2	316.32	129.5	321.47	7.8
E016 – 05m	15	26	350.58	5.3	334.96	7.2
E021 – 04m	20	37	447.73	461.1	430.95	352.6
E021 – 06m	20	36	448.48	181.1	458.04	204.0
E022 – 04g	21	45	464.24	75.8	465.79	61.3
E022 – 06m	21	40	504.46	1167.9	507.96	768.8
E023 – 03g	22	46	831.66	181.1	796.61	241.5
E023 – 05s	22	43	871.77	156.1	880.93	140.0
E026 – 08m	25	50	666.10	1468.5	642.22	604.7
E030 – 03g	29	62	911.16	714.0	884.74	803.1

续表

算例	顾客数	货物数	TS		GTS	
			路程	时间（s）	路程	时间（s）
E030－04s	29	58	819.36	396.4	873.43	308.5
E031－09h	30	63	651.58	268.1	624.24	180.8
E033－03n	32	61	2928.34	1639.1	2799.74	1309.5
E033－04g	32	72	1559.64	3451.6	1504.44	2678.1
E033－05s	32	68	1452.34	2327.4	1415.42	1466.3
E036－11h	35	63	707.85	2550.3	698.61	2803.2
E041－14h	40	79	920.87	2142.5	872.79	1208.6
E045－04f	44	94	1400.52	1452.9	1296.59	1300.9
E051－05e	50	99	871.29	1822.3	818.68	1438.4
E072－04f	71	147	732.12	790.0	641.57	1284.8
E076－07s	75	155	1275.20	2370.3	1159.72	1704.8
E076－08s	75	146	1277.94	1611.3	1245.35	1663.5
E076－10e	75	150	1258.16	6725.6	1231.92	3048.2
E076－14s	75	143	1307.09	6619.3	1201.96	2876.8
E101－08e	100	193	1570.72	5630.9	1457.46	3432.0
E101－10c	100	199	1847.95	4123.7	1711.93	3974.8
E101－14s	100	198	1747.52	7127.2	1646.44	5864.2
平均值	—	—	1042.26	2025.9	997.2	1471.6

表 10－2　　　GLSGA 算法计算结果及与其他方法
比较（10 次计算平均值）

算例	GLSGA		与 TS 比较		与 GTS 比较	
	路程	时间（s）	路程（%）	时间（%）	路程（%）	时间（%）
E016－03m	305.46	20.9	－3.43	－83.86	－4.98	167.95
E016－05m	334.96	4.6	－4.46	－13.21	0.00	－36.11
E021－04m	410.25	180.3	－8.37	－60.90	－4.80	－48.87
E021－06m	441.74	124.4	－1.50	－31.31	－3.56	－39.02
E022－04g	452.82	42.9	－2.46	－43.50	－2.78	－30.02

算例	GLSGA		与 TS 比较		与 GTS 比较	
	路程	时间（s）	路程（%）	时间（%）	路程（%）	时间（%）
E022 – 06m	502.35	520.9	− 0.42	− 55.40	− 1.10	− 32.25
E023 – 03g	794.19	135.3	− 4.51	− 25.29	− 0.30	− 43.98
E023 – 05s	830.31	106.7	− 4.76	− 31.65	− 5.75	− 23.79
E026 – 08m	640.37	507.8	− 3.86	− 65.42	− 0.29	− 16.02
E030 – 03g	854.21	543.5	− 6.25	− 23.88	− 3.45	− 32.33
E030 – 04s	820.76	262.8	0.17	− 33.70	− 6.03	− 14.81
E031 – 09h	625.75	177.6	− 3.96	− 33.76	0.24	− 1.77
E033 – 03n	2750.40	1153.1	− 6.08	− 29.65	− 1.76	− 11.94
E033 – 04g	1486.28	807.7	− 4.70	− 76.60	− 1.21	− 69.84
E033 – 05s	1410.49	414.3	− 2.88	− 82.20	− 0.35	− 71.75
E036 – 11h	698.33	763.5	− 1.34	− 70.06	− 0.04	− 72.76
E041 – 14h	872.75	618.6	− 5.23	− 71.13	− 0.01	− 48.82
E045 – 04f	1264.89	731.4	− 9.68	− 49.66	− 2.44	− 43.78
E051 – 05e	790.27	856.3	− 9.30	− 53.01	− 3.47	− 40.47
E072 – 04f	622.69	736.9	− 14.95	− 6.72	− 2.94	− 42.65
E076 – 07s	1135.46	774.5	− 10.96	− 67.33	− 2.09	− 54.57
E076 – 08s	1285.34	613.8	0.58	− 61.91	3.21	− 63.10
E076 – 10e	1185.63	1359.7	− 5.76	− 79.78	− 3.76	− 55.40
E076 – 14s	1205.49	1226.5	− 7.77	− 81.45	0.29	− 57.34
E101 – 08e	1446.23	2153.4	− 7.93	− 61.76	− 0.77	− 37.26
E101 – 10c	1592.74	2543.9	− 13.81	− 38.31	− 6.96	− 36.00
E101 – 14s	1583.61	3237.6	− 9.38	− 54.57	− 3.82	− 44.79
平均值	975.7	763.7	− 5.67	− 62.30	− 2.18	− 48.10

　　从计算结果看，GLSGA 算法的计算结果较 TS 算法和 GTS 算法有明显的改善，27 个标准算例的车辆行驶路程几乎全部减少。与 TS 算法相比平均路程减少 5.67%、最大减幅为 14.95%，与 GTS 算法相比平均路程减少 2.18%、最大减幅为 6.96%。从计算时间

看，GLSGA 算法较 TS 算法和 GTS 算法有大幅度的降低，与 TS 算法相比平均时间减少 62% 、最大减幅为 83.86% ，与 GTS 算法相比平均时间减少 48% 、最大减幅为 73% 。

这样的计算结果说明 GLSGA 算法能够在较短的时间内得出 3L – CVRP 的近似最优解，计算结果表明 GLSGA 算法具有良好的计算性能和较高的计算效率。本章提出遗传算法与引导搜索算法结合的混合启发式算法为求解 3L – CVRP 找到了一个新的思路，根据这个思路可以设计更多的混合启发式算法求解 3L – CVRP。

第四节　本章小结

3L – CVRP 将运输和装箱环节连接起来进行优化，能够更好地实现提升物流配送自动化水平、提升物流配送效率、降低物流配送成本的要求和目标，但由于问题比较复杂，直至近几年才有相关研究成果出现。3L – CVRP 的提出和求解在物流配送领域里开拓了一个非常有价值的新研究方向，在问题的模型和求解算法方面都有很多值得研究的地方。本章研究车辆路径问题和三维装箱问题结合的 3L – CVRP 问题，提出遗传算法和引导式局部搜索算法结合的 GLSGA 算法进行求解，针对 3L – CVRP 问题的特点提出遗传算法的改进策略。数值试验中采用 27 个标准算例检验 GLSGA 算法的性能和效率，并对计算结果和计算时间进行对比。

第十一章

考虑三维装箱约束的多车场
车辆路径问题模型及算法

目前，对于 3L – CVRP 的研究均以经典 VRP 模型为基础，模型中只考虑一个配送中心的情况，这在理论上和实践上存在很多不足。在经典 VRP 模型的基础之上，已经发展出包括多车场、带时间窗及不确定顾客需求量等诸多因素的 VRP 模型，而到目前为止 3L – CVRP 模型尚未建立考虑这些因素的模型，在理论上具有较大的研究空间。现代商业模式对物流业的发展提出很高要求，最根本的要求是快速将货物送达顾客，这需要物流企业具有较强的快速反应能力和系统协调能力，而在一个城市或地区建立多个配送中心是实现这个目标的途径之一。在现代城市物流配送模式（如电子商务网站的配送模式）中，销售商通常在一个城市中拥有几个配送中心，根据总配送距离最短的原则从不同的配送中心同时发货，在较短的时间内把货物送给客户，从整体上提高配送效率。因此，本章在研究三维装箱约束车辆路径问题的基础之上，考虑多配送中心的情况，建立考虑三维装箱约束多配送中心车辆路径问题（Three – Dimensional Loading Multi – Depots Capacitated Vehicle Routing Problem，3L – MDCVRP）的混合数学模型。

第一节　考虑三维装箱约束的多车场
车辆路径问题数学模型

一、问题描述

与 3L – CVRP 相比，本章建立的 3L – MDCVRP 模型有如下假设：（1）有多个配送中心，每个配送中心均存储和供应足够多的产品；（2）每个配送中心均有相同数量相同型号的车辆，车辆从配送中心出发完成任务之后返回原配送中心。其他假设和装箱约束均与 3L – CVRP 一致。

二、建立模型

本节建立的 3L – MDCVRP 模型分为车辆路径模型和三维装箱模型 2 个部分。

在建立模型之前，先给出模型中各个变量的符号和意义，如表 11 –1 所示。

表 11 –1　　　　　　　　模型变量及解释

变量	变量解释
T	配送中心集合，$T = \{1, 2, \cdots\}$
N	顾客集合，$N = \{1, 2, \cdots\}$
P	每个配送中心拥有车辆集合，$P = \{1, 2, \cdots\}$
D	车辆最大载重，$D \in R$，$D \geqslant 0$
V	车辆最大容积，$V \in R$，$V \geqslant 0$
L	货车车厢长度，$L \in R$，$L \geqslant 0$
W	货车车厢宽度，$W \in R$，$W \geqslant 0$

变量	变量解释
H	货车车厢高度，$H \in R$，$H \geq 0$
c_{rs}	节点 r 到 s 的距离（节点包括顾客和配送中心），$c_{rs} \in R$，$c_{rs} \geq 0$
m_i	顾客 i 需求的货物总数量，$m_i \in R$，$m_i \geq 0$
d_{ik}	货物 I_{ik} 的重量，$d_{ik} \in R$，$d_{ik} \geq 0$
v_{ik}	货物 I_{ik} 的体积，$v_{ik} \in R$，$v_{ik} \geq 0$
l_{ik}	货物 I_{ik} 的长度，$l_{ik} \in R$，$l_{ik} \geq 0$
w_{ik}	货物 I_{ik} 的宽度，$w_{ik} \in R$，$w_{ik} \geq 0$
h_{ik}	货物 I_{ik} 的高度，$h_{ik} \in R$，$h_{ik} \geq 0$
I_{ik}	顾客 i 需求中的第 k 个货物

其中，车厢容积可表示为 $V = L \cdot W \cdot H$，货物体积可表示为 $v_{ik} = l_{ik} \cdot w_{ik} \cdot h_{ik}$。顾客 i 需求货物的总重量为 $d_i = \sum\limits_{k=1}^{m_i} d_{ik}$，货物总体积为 $v_i = \sum\limits_{k=1}^{m_i} v_{ik}$。

模型中的决策变量为：

$$x_{tp} = \begin{cases} 1, & \text{车辆 } tp \text{ 被征用} \\ 0, & \text{其他} \end{cases}$$

$$y_{rs}^{tp} = \begin{cases} 1, & \text{线路 }(r, s)\text{ 由车辆 } tp \text{ 服务} \\ 0, & \text{其他} \end{cases}$$

$$z_i^{tp} = \begin{cases} 1, & \text{顾客 } i \text{ 的货物由车辆 } tp \text{ 配送} \\ 0, & \text{其他} \end{cases}$$

式中，车辆 tp 表示配送中心 t 的第 p 辆车。

建立多配送中心车辆路径模型如下：

$$\min Z = \sum_{t=1}^{T} \sum_{p=1}^{P} \sum_{s=1}^{N+T} \sum_{r=1}^{N+T} c_{rs} \cdot y_{rs}^{tp} \tag{11.1}$$

$$\text{s. t.} \quad \sum_{t \in T} \sum_{p \in P} \sum_{s \in N \cup T} y_{rs}^{tp} = 1 \text{ , } r \in N \cup T, \ r \neq s \quad (11.2)$$

$$\sum_{s \in N \cup T} y_{rs}^{tp} = x_{tp} \text{ , } p \in P, \ r = t \in T \quad (11.3)$$

$$\sum_{s \in N \cup T} y_{sr}^{tp} = x_{tp} \text{ , } p \in P, \ r = t \in T \quad (11.4)$$

$$\sum_{s \in N \cup T} y_{rs}^{tp} - \sum_{s \in N \cup T} y_{sr}^{tp} = 0 \text{ , } r \in N \cup T, \ p \in P, \ t \in T \quad (11.5)$$

$$\sum_{i \in N} z_i^{tp} \cdot d_i \leqslant D \text{ , } p \in P, \ t \in T \quad (11.6)$$

$$\sum_{i \in N} z_i^{tp} \cdot v_i \leqslant V \text{ , } p \in P, \ t \in T \quad (11.7)$$

$$\sum_{s \in N} y_{rs}^{tp} = z_r^{tp} \text{ , } r \neq s, \ r \in N, \ t \in T, \ p \in P \quad (11.8)$$

$$\sum_{r, s \in N \cup T} y_{rs}^{tp} \leqslant |S| - 1 \text{ , } p \in P, \ t \in T,$$
$$S = \{(r, s) \mid (r, s) \in A, \ r \in N, \ s \in N\} \quad (11.9)$$

模型解释如下：目标函数式（11.1）表示最小化车辆行驶路程；式（11.2）表示所有顾客只被访问一次；式（11.3）和式（11.4）表示车辆从某个配送中心出发，服务完所有顾客之后返回原配送中心；式（11.5）表示车辆进入某节点，也必须从该节点离开；式（11.6）表示每辆车装载货物的重量之和不超过车辆限制载重；式（11.7）表示每辆车装载货物的体积之和不超过车辆限制容积；式（11.8）绑定了三维装箱变量和车辆路径变量；式（11.9）为支路消除约束，保证任何路线中只包含一个配送中心。

在建立三维装箱模型之前，先建立一个笛卡尔坐标系。坐标系的坐标轴分别对应于车厢的长、宽和高，坐标系的原点位于车厢内侧左下角。由于货物数量有限且均为长方体，摆放时要求货物边线与车厢边线平行，故可用图 11 - 1 中的网格线划出货物可能的摆放位置。令坐标 (x, y, z) 为网格线的交点，且令：

$$\begin{cases} x \in X = \{0, 1, \cdots, L - \min_{ik}(l_{ik})\} \\ y \in Y = \{0, 1, \cdots, W - \min_{ik}(w_{ik})\}, \text{ 其中 } k = 1, 2, \cdots, m_i, \ i \in \\ z \in Z = \{0, 1, \cdots, H - \min_{ik}(h_{ik})\} \end{cases}$$

N，则货物摆放的顶点位置必然处于网格线的交点之上，详细分析见琼克伊拉等（Junqueira, Morabito, Sato Yamashita, 2012）的文献。网格线将车厢划分为若干个小立方体，每个货物均占据整数个小立方体。当网格线交点 (x, y, z) 被货物 i 的左下角底部的顶点覆盖时，则点 (x, y, z) 到点 $(x+l_i, y+w_i, z+h_i)$ 之间的所有立方体均被货物 i 占据，再继续寻找下一个货物可能的顶点位置坐标 (x', y', z')。据此可建立三维装箱模型。

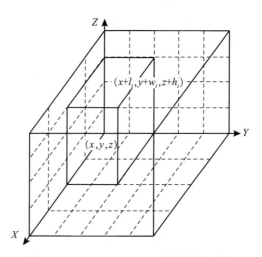

图 11 – 1   3L – MDCVRP 装箱空间示意

由于货物大小不同，因此即使货物总体积小于车厢容积，也有可能无法将所有货物都装入车厢。考虑到这一点，本节以最大化装入车厢内货物数为目标建立三维装箱模型，则可行解的目标函数值等于总货物数。三维装箱模型如下：

$$\max \sum_{i=1}^{n_{tp}} \sum_{x \in X} \sum_{y \in Y} \sum_{z \in Z} v_i \cdot a_i^{xyz} \qquad (11.10)$$

$$\text{s. t.} \quad \sum_{i=1}^{n_{tp}} \sum_{x \in X} \sum_{y \in Y} \sum_{z \in Z} L_{ij} \cdot W_{ij} \cdot a_i^{xyz} \geqslant \rho \cdot l_j \cdot w_j \cdot a_j^{x'y'z'},$$
$$j \in N, \ p \in P, \ t \in T \tag{11.11}$$

$$\sum_{i=1}^{n_{tp}} \sum_{x \in X} \sum_{y \in Y} \sum_{z \in Z} \sigma_i \cdot a_i^{xyz} \geqslant \sum_{i'=1}^{n_{tp}} \sum_{x \in X} \sum_{y \in Y} \sum_{z \in Z} \frac{d_{i'}}{l_{i'} \cdot w_{i'}} \cdot a_{i'}^{x'y'z'}, p \in P, t \in T$$
$$\tag{11.12}$$

$$a_i^{xyz} = \begin{cases} 1, & \text{货物 } i \text{ 的左下角置于点 } (x, y, z) \\ 0, & \text{其他} \end{cases},$$
$$i = 1, 2, \cdots, n_{tp}, \ x \in X, \ y \in Y, \ z \in Z \tag{11.13}$$

$$L_{ij} = \min(x + l_i, \ x' + l_j) - \max(x, \ x'), \ j \in N, \ x \in X, \ x' \in X \tag{11.14}$$

$$W_{ij} = \min(y + w_i, \ y' + w_j) - \max(y, \ y'), \ j \in N, \ y \in Y, \ y' \in Y \tag{11.15}$$

$$n_{tp} = \sum_{i \in N} z_i^{tp}, \ p \in P, \ t \in T \tag{11.16}$$

式中，n_{tp} 表示配送中心 t 的车辆 p 装载的货物数，(x', y', z') 表示上方货物底部左后方的可能位置坐标，σ_i 表示货物顶部任意一点所能承受的最大压强。VRP 模型中 i 表示顾客，3LP 模型中 i 表示货物。

式（11.10）为目标函数，最大化装入车辆的总货物数；式（11.11）保证了所有货物都必须有支撑区域（不可悬空放置），且货物不能堆叠；式（11.12）用于区分易碎品和非易碎品，取值为 0 表示货物为易碎品，取值为 1 表示非易碎品，非易碎品不可放在易碎品之上；式（11.13）给出了决策变量；式（11.14）和式（11.15）计算货物的长和宽；式（11.16）给出了每辆车装载货物总数。装箱问题模型主要参考鲁安等（Ruan, Zhang, Miao, Shen, 2013）和琼克伊拉等（Junqueira, Morabito, Sato Yamashita, 2012）的文献。

第二节　引导式局部搜索混合遗传算法

3L－MDCVRP 与 3L－CVRP 有相似的算法结构，但在具体细节上存在较大区别。本节给出 3L－MDCVRP 问题的引导式局部搜索混合遗传算法（Guided Local Search Hybrid Genetic Algorithm，GLSHGA）。算法同样采用遗传算法与引导式局部搜索算法相结合的方式，由于涉及多配送中心问题，故遗传算法的编码方式、交叉算子、变异算子等策略借鉴上面的算法。

一、遗传算法

（1）编码规则。根据 3L－MDCVRP 模型中存在多个配送中心的特点，本节提出两段式编码方式，把染色体分为每个配送中心每辆车服务顾客数和车辆服务顾客顺序。假设有 2 个配送中心、10 个顾客、每个配送中心都有 2 辆车，则可给出一个染色体编码方式，如图 11－2 所示。

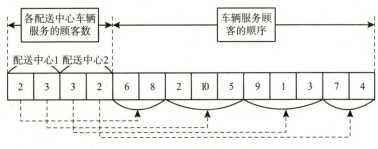

图 11－2　染色体编码方案

图 11－2 中给出的染色体可表示如下配送方案：配送中心 1 的第一辆车按顺序服务顾客 6 和 8，配送中心 1 的第二辆车按顺序服务顾客 2、10 和 5；配送中心 2 的第一辆车按顺序服务顾客 9、1 和

3，配送中心 2 的第二辆车按顺序服务顾客 7 和 4。

（2）适应度函数。一般文献中采用目标函数的倒数作为染色体适应度，但是这样计算出的适应度值会比较小，且处理不同问题时取值范围相差很大，因此泛化能力较差。本节提出如下公式作为适应度函数：

$$\frac{\sum\limits_{t=1}^{T}\sum\limits_{p=1}^{P}\sum\limits_{s=1}^{N+T}\sum\limits_{r=1}^{N+T} c_{rs}}{\sum\limits_{t=1}^{T}\sum\limits_{p=1}^{P}\sum\limits_{s=1}^{N+T}\sum\limits_{r=1}^{N+T} c_{rs} \cdot y_{rs}^{tp}} \qquad (11.17)$$

式中，$\sum\limits_{t=1}^{T}\sum\limits_{p=1}^{P}\sum\limits_{s=1}^{N+T}\sum\limits_{r=1}^{N+T} c_{rs}$ 表示所有节点之间行驶距离总和，每个问题只须计算一次。处理不同问题时，式（11.17）可以维持适应度值在一个比较稳定的范围内。

（3）选择算子。参考第六章第二节。

（4）交叉算子。交叉操作是交换 2 个父代染色体部分基因的遗传操作。根据交叉概率选择进入配对池的父代个体，把配对染色体的部分基因加以替换重组，产生子代个体。根据染色体编码由 2 部分组成的特点，本章提出一种混合交叉算子，具体操作方式为：第一部分采用均匀交叉；第二部分采用顺序交叉。均匀交叉算子：先随机产生一个与染色体第一部分基因串等长的二进制串，0 表示不交换，1 表示交换，根据二进制串判断是否交换父代个体对应位置上的基因。由于染色体中没有表示配送中心的基因，因此需要采用新的顺序交叉算子。顺序交叉算子：在父代染色体的第一部分基因串中随机选择一个基因，该基因对应的数字作为第二部分基因串的交叉段，然后把交叉段内的基因互换，把换出基因放在换入基因原来的位置上，当父代基因对应的数字不相同时，第二个父代向后移动至数字相同位置，如找不到相同数字则取消本次交叉操作。如图 11 - 3 所示，以 A 和 B 2 个父代个体为例进行混合交叉操作，X 为二进制串，设产生的子代个体为 C 和 D。

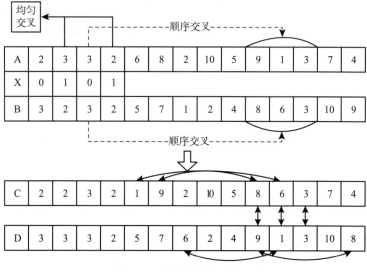

图 11-3 染色体交叉操作

（5）变异算子。变异操作依据变异概率 P_m 对每代种群中的染色体进行基因突变，常用的基因突变方式有均匀、交换、逆转和位移等。根据两段式编码方式的特点，本节提出一种混合变异算子，第一部分基因使用均匀变异算子，第二部分基因使用位移变异算子，具体过程如图 11-4 所示。

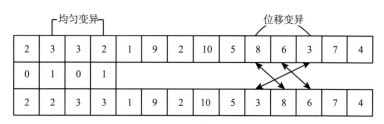

图 11-4 染色体变异操作

（6）非可行解调整。经过交叉操作和变异操作，染色体对应的解可能变成非可行解，因此需要对其进行调整。顾客数是固定的，因此染色体第一部分基因串上的数字之和必须等于顾客数，当基因值之和小于顾客数时，随机选择一个基因值加1，当基因值之和大于顾客数时，随机选择一个基因值减1，重复操作至基因值之和与顾客数相等为止。在生成初始种群及进行遗传操作的时候，可能会有一些染色体不符合模型中的一个或多个约束条件。显然对于本节的染色体编码方式，所有染色体都自然满足约束式（11.2）、式（11.3）、式（11.8）和式（11.9），因此，调整非可行解的时候只须检查约束式（11.4）、式（11.5）、式（11.6）和式（11.7）。采用的约束控制策略是根据染色体对约束的违反程度降低其适应度值。

（7）记忆库。为了减少3L-MDCVRP的求解时间，本章在遗传算法中加入记忆库机制，具体作用在后面给出，这里只给出记忆库的形成原理。设定记忆库的最大规模为 *MemSize*，把每代种群中的最优个体保存到记忆库中，当最优个体数超过记忆库规模时，去掉记忆库中适应度最小的个体。当遗传算法达到最大迭代次数之后，把当前种群全部加入记忆库中，按适应度值从大到小排列所有个体，删除适应度较小的个体，维持记忆库规模为 *MemSize*。

二、引导式局部搜索算法

引导式局部搜索算法用于寻找可行装载方案，因此本节所使用的引导式搜索策略与第十章理论相同，此处不再重复。

三、混合启发式算法

GLSHGA混合启发式算法的步骤及流程与第十章第二节相同，此处不再重复。

第三节 数 值 试 验

数值试验采用 Matlab 7.1，计算机 CPU 为 Intel Core 2 Quad、2.67GHz，2GB 内存，32 位 Windows 8 操作系统。

由于标准算例库中的问题均为单配送中心问题，且本章遗传算法的策略与第五章有较大不同，因此本节设计 2 个数值模拟试验：第一个试验针对标准算例进行计算，检验 GLSGA 算法的效果和效率；第二个试验针对随机生成的数据进行仿真，检验模型的可解性。

一、标准算例库试验

第一个试验数据来自让德罗等（Gendreau et al.）的文献，总计 27 个 3L - CVRP 标准算例（Gendreau, Iori, Laporte, Martello, 2006）。算例包括的信息有：配送中心坐标，顾客数及顾客坐标；每个顾客需求的货物及其需求货物的重量；每个货物的长、宽、高，易碎品与非易碎品标识；配送中心拥有车辆数，车辆最大载重，车厢的长、宽、高。货物堆叠的时候，支撑面积与上层货物底面积的比例最小值为 $\rho = 0.75$。

该试验直接采用让德罗等（Gendreau et al.）的模型，使用本章设计的 GLSHGA 算法进行求解，并与让德罗等（Gendreau et al.）的文献中的 TS 算法和其他学者的文献（Tarantilis, Zachariadis, Kiranoudis, 2009a）GTS 算法的计算结果进行对比，算例见表 10 - 1，GLSHGA 计算结果及对比结果见表 11 - 2。

表 11 - 2　　3L - CVRP 算例计算结果及与其他方法比较

算例	GLSHGA		与 TS 比较		与 GTS 比较	
	路程	时间（s）	路程（%）	时间（%）	路程（%）	时间（%）
E016 - 03m	305.46	22.1	- 3.43	- 82.93	- 4.98	183.33
E016 - 05m	334.96	5.1	- 4.45	- 3.77	0	- 29.17

算例	GLSHGA		与 TS 比较		与 GTS 比较	
	路程	时间（s）	路程（%）	时间（%）	路程（%）	时间（%）
E021－04m	410.25	187.9	－8.37	－59.25	－4.80	－46.71
E021－06m	441.74	150.5	－1.50	－16.89	－3.56	－26.23
E022－04g	452.82	56.9	－2.46	－24.93	－2.78	－7.18
E022－06m	502.35	611.9	－0.42	－47.61	－1.10	－20.41
E023－03g	794.19	149.7	－4.51	－17.34	－0.30	－38.01
E023－05s	830.31	135.6	－4.75	－13.13	－5.75	－3.45
E026－08m	640.37	549.4	－3.86	－62.59	－0.29	－9.15
E030－03g	854.21	605.9	－6.25	－15.14	－3.45	－24.55
E030－04s	820.76	284.5	0.17	－28.23	－6.03	－7.78
E031－09h	625.75	199.8	－3.96	－25.48	0.24	10.51
E033－03n	2750.40	1293.7	－6.08	－21.07	－1.76	－1.21
E033－04g	1486.28	897.2	－470	－74.01	－1.21	－66.49
E033－05s	1410.49	499.7	－2.88	－78.53	－0.35	－65.92
E036－11h	698.33	846.6	－1.34	－66.80	－0.04	－69.79
E041－14h	872.75	593.5	－5.23	－72.29	－0.01	－50.89
E045－04f	1264.89	847.2	－9.68	－41.69	－2.44	－34.88
E051－05e	790.27	1015.9	－9.29	－44.25	－3.47	－29.37
E072－04f	622.69	755.9	－14.95	－4.32	－2.94	－41.17
E076－07s	1135.46	822.7	－10.96	－65.29	－2.09	－51.74
E076－08s	1285.34	664.2	0.58	－58.78	3.21	－60.07
E076－10e	1185.63	1884.3	－5.76	－71.98	－3.76	－38.18
E076－14s	1205.49	1582.5	－7.77	－76.09	0.29	－44.99
E101－08e	1446.23	2306.5	－7.93	－59.04	－0.77	－32.79
E101－10c	1592.74	3020.9	－13.81	－26.74	－6.96	－23.99
E101－14s	1583.61	3497.3	－9.38	－50.93	－3.82	－40.36
平均值	975.7	869.9	－6.38	－57.06	－2.16	－40.89

从计算结果看，GLSHGA 算法的计算结果较 TS 算法和 GTS 算法有明显的改善，27 个标准算例的车辆行驶路程几乎全部减少。与 TS 算法相比平均路程减少 6.38%、最大减幅为 14.95%，与 GTS 算法相比平均路程减少 2.16%、最大减幅为 6.96%。从计算时间看，GLSHGA 算法较 TS 算法和 GTS 算法有大幅度的降低，与 TS 算法相比平均时间减少 57.06%、最大减幅为 82.93%，与 GTS 算法相比平均时间减少 40.89%、最大减幅为 69.79%。通过与已有文献的计算结果对比，表明 GLSHGA 算法具有良好的计算性能和较高的计算效率。由于已有文献的模型均采用 Iori 提出的基本 3L – CVRP 模型，而该试验直接在模型上运行 GLSHGA 算法，因此可以判断文章得到的较优的计算结果是由 GLSHGA 算法产生的。

对比 GLSHGA 算法和 GLSGA 算法的计算结果可以发现，二者在计算结果上相似，在计算时间上略有差别，GLSGA 的计算速度要快于 GLSHGA。这是由于 GLSHGA 在遗传算法的编码规则、交叉算子和变异算子等策略上稍微复杂一点，但复杂部分只对算法运行速度有影响，并不影响算法搜索结果。

二、随机数据仿真试验

在验证了 GLSHGA 算法的有效性之后，可以用该算法求解 3L – MDCVRP 模型。先给出一个有 2 个配送中心、20 个顾客、每个配送中心有 4 辆车（车辆限重 500、限容 2000、车厢长 20、宽 10、高 10）的 3L – MDCVRP 实例，表 11 – 3 给出随机产生的配送中心和顾客节点坐标，表 11 – 4、表 11 – 5 给出每个顾客需求的货物规格。

表 11 - 3　　　随机产生的配送中心和顾客节点坐标

序号	横坐标	纵坐标	序号	横坐标	纵坐标
1	0.8672	0.2257	12	0.0388	0.7948
2	0.7939	0.1642	13	0.1407	0.5698
3	0.2050	0.2585	14	0.5897	0.8465
4	0.8337	0.4823	15	0.4329	0.3575
5	0.3605	0.1968	16	0.7063	0.4513
6	0.233	0.0894	17	0.2695	0.1798
7	0.5287	0.7664	18	0.3916	0.5185
8	0.4094	0.9412	19	0.7045	0.7840
9	0.4804	0.3895	20	0.3700	0.5367
10	0.2286	0.6305	Depot1	0.2922	0.3585
11	0.0671	0.7435	Depot2	0.6739	0.6101

表 11 - 4　　　　　每个顾客需求的货物规格

顾客序号	货物序号	顾客序号	货物序号	顾客序号	货物序号	顾客序号	货物序号
1	21, 7	6	17	11	19	16	9, 22
2	23	7	12, 15	12	5, 25	17	4
3	30	8	28	13	3	18	27, 1
4	10, 26, 16	9	8, 2	14	14, 24	19	18, 29
5	11	10	20	15	13	20	6

表 11 - 5 货物规格（长、宽、高及重量）

货物序号	长	宽	高	重量	货物序号	长	宽	高	重量
1	2	5	6	12	16	2	7	6	40
2	6	3	8	89	17	5	3	7	73
3 *	3	7	5	30	18 *	2	6	8	27
4	8	6	4	84	19	7	6	5	17
5	6	5	4	71	20	6	5	8	94
6	8	6	2	64	21	2	6	3	16
7	4	8	5	90	22	5	3	5	59
8	2	8	6	79	23 *	4	5	6	33
9 *	3	7	6	64	24	7	6	6	89
10	3	3	5	61	25	5	4	6	90
11 *	6	6	8	98	26	5	4	3	83
12	3	3	8	52	27 *	4	7	2	60
13	2	7	4	96	28	8	2	6	91
14	7	7	3	28	29	8	5	3	48
15	3	8	5	56	30	7	4	3	87

注：标记"＊"的货物为易碎品。

计算得出 5 条线路，总有效路程为 4.2435，所有车辆均满足装箱约束，最优配送路径如图 11 - 5 所示。

R1 = {Depot1 - 13 - 11 - 12 - 10 - Depot1}，总路程为 1.0376，载货总重为 302，载货总体积为 795；

R2 = {Depot1 - 3 - 6 - 17 - 5 - Depot1}，总路程为 0.6697，载货总重为 342，载货总体积为 561；

R3 = {Depot1 - 15 - 9 - 18 - 20 - Depot1}，总路程为 0.5773，载货总重为 400，载货总体积为 508；

R4 = {Depot2 - 7 - 8 - 14 - 19 - Depot2}，总路程为 0.9359，载货总重为 391，载货总体积为 855；

R5 = {Depot2 - 16 - 2 - 1 - 4 - Depot2}，总路程为 1.023，载货

总重为 426，载货总体积为 706。

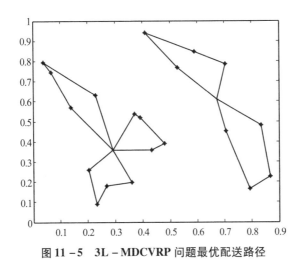

图 11 – 5　3L – MDCVRP 问题最优配送路径

第四节　本章小结

　　本章研究多车场车辆路径和三维装箱相结合的组合优化问题，在 3L – CVRP 模型中首次考虑多车场的情况，建立 3L – MDCVRP 模型，并提出遗传算法和引导式局部搜索算法结合的 GLSHGA 算法进行求解，针对 3L – MDCVRP 问题的特点提出遗传算法的改进策略。本章设计了标准算例库和随机数据两个数值试验。先采用 27 个标准算例检验 GLSHGA 算法的性能和效率，GLSHGA 算法比已有文献计算结果在计算时间和计算效果上均有较明显的优势。比第五章的 GLSGA 算法在计算效果上相当，但计算时间略多，因为 GLS-GA 算法不需要考虑多车场因素。然后，根据 3L – MDCVRP 模型的要求随机生成仿真数据进行测试，试验结果表明 GLSHGA 算法能够有效地求解 3L – MDCVRP 模型。以后还可进一步研究求解 3L – MDCVRP 模型的算法，以提升模型求解效率。

参 考 文 献

[1] Agarwal, Y. , Mathur, K. , Salkin, H. M. (1989). A set-partitioning-based exact algorithm for the vehicle routing problem. *Networks*, 19 (7), 731 –749.

[2] Alfa, A. S. , Heragu, S. S. , Chen, M. (1991). A 3 – opt based simulated annealing algorithm for vehicle routing problems. *Computers & Industrial Engineering*, 21 (1), 635 –639.

[3] Alfredo Tang Montané, F. , Galvao, R. D. (2006). A tabu search algorithm for the vehicle routing problem with simultaneous pick-up and delivery service. *Computers & Operations Research*, 33 (3), 595 –619.

[4] Azi, N. , Gendreau, M. , Potvin, J. (2010). An exact algorithm for a vehicle routing problem with time windows and multiple use of vehicles. *European Journal of Operational Research*, 202 (3), 756 – 763.

[5] Berger, J. , Barkaoui, M. (2004). A parallel hybrid genetic algorithm for the vehicle routing problem with time windows. *Computers & Operations Research*, 31 (12), 2037 –2053.

[6] Bortfeldt, A. (2012). A hybrid algorithm for the capacitated vehicle routing problem with three-dimensional loading constraints. *Computers & Operations Research*, 39 (9), 2248 –2257.

[7] Brandão, J. (2004). A tabu search algorithm for the open

vehicle routing problem. *European Journal of Operational Research*, 157 (3), 552 – 564.

[8] Cassidy, P. J., Bennett, H. S. (1972). TRAMP – a multi-depot vehicle scheduling system. *Operational Research Quarterly*, 151 – 163.

[9] Chan, Y., Carter, W. B., Burnes, M. D. (2001). A multiple-depot, multiple-vehicle, location-routing problem with stochastically processed demands. *Computers & Operations Research*, 28 (8), 803 – 826.

[10] Cheng, C., Wang, K. (2009). Solving a vehicle routing problem with time windows by a decomposition technique and a genetic algorithm. *Expert Systems with Applications*, 36 (4), 7758 – 7763.

[11] Christofides, N., Mingozzi, A., Toth, P. (1981). Exact algorithms for the vehicle routing problem, based on spanning tree and shortest path relaxations. *Mathematical programming*, 20 (1), 255 – 282.

[12] Clarke, G. U., Wright, J. W. (1964). Scheduling of vehicles from a central depot to a number of delivery points. *Operations research*, 12 (4), 568 – 581.

[13] Crevier, B., Cordeau, J., Laporte, G. (2007). The multi-depot vehicle routing problem with inter-depot routes. *European Journal of Operational Research*, 176 (2), 756 – 773.

[14] Dantzig, G. B., Ramser, J. H. (1959). The truck dispatching problem. *Management science*, 6 (1), 80 – 91.

[15] Dantzig, G., Fulkerson, R., Johnson, S. (1954). Solution of a large-scale traveling-salesman problem. *Journal of the operations research society of America*, 2 (4), 393 – 410.

[16] DENG, A., MAO, C., ZHOU, Y. (2009). Optimizing

research of an improved simulated annealing algorithm to soft time windows vehicle routing problem with pick-up and delivery. *Systems Engineering – Theory & Practice*, 29 (5), 186 – 192.

[17] Dorigo, M. (1992). Optimization, learning and natural algorithms. *Ph. D. Thesis, Politecnico di Milano, Italy*.

[18] Dorigo, M., Gambardella, L. M. (1997). Ant colony system: a cooperative learning approach to the traveling salesman problem. *Evolutionary Computation, IEEE Transactions on*, 1 (1), 53 – 66.

[19] Dror, M., Laporte, G., Trudeau, P. (1994). Vehicle routing with split deliveries. *Discrete Applied Mathematics*, 50 (3), 239 – 254.

[20] Dror, M., Trudeau, P. (1986). Stochastic vehicle routing with modified savings algorithm. *European Journal of Operational Research*, 23 (2), 228 – 235.

[21] Dror, M., Trudeaut, P. (1989). Savings by Split Delivery Routing. *Transportation Science*, 23 (2).

[22] Duhamel, C., Lacomme, P., Quilliot, A., Toussaint, H. (2011). A multi-start evolutionary local search for the two-dimensional loading capacitated vehicle routing problem. *Computers & Operations Research*, 38 (3), 617 – 640.

[23] Eilon, S., Watson – Gandy, C. D. T., Christofides, N. (1971a). *Distribution management: mathematical modelling and practical analysis*: Griffin London.

[24] Eilon, S., Watson – Gandy, C. D. T., Christofides, N. (1971b). *Distribution management: mathematical modelling and practical analysis*: Griffin London.

[25] Eksioglu, B., Vural, A. V., Reisman, A. (2009). The vehicle routing problem: A taxonomic review. *Computers & Industrial*

Engineering, 57 (4), 1472 - 1483.

[26] Fischetti, M., Toth, P. (1992). An additive bounding procedure for the asymmetric travelling salesman problem. *Mathematical Programming*, 53 (1 - 3), 173 - 197.

[27] Fuellerer, G., Doerner, K. F., Hartl, R. F., Iori, M. (2009). Ant colony optimization for the two-dimensional loading vehicle routing problem. *Computers & Operations Research*, 36 (3), 655 - 673.

[28] Fuellerer, G., Doerner, K. F., Hartl, R. F., Iori, M. (2010). Metaheuristics for vehicle routing problems with three-dimensional loading constraints. *European Journal of Operational Research*, 201 (3), 751 - 759.

[29] Gajpal, Y., Abad, P. L. (2009). Multi-ant colony system (MACS) for a vehicle routing problem with backhauls. *European Journal of Operational Research*, 196 (1), 102 - 117.

[30] Gendreau, M., Iori, M., Laporte, G., Martello, S. (2006). A tabu search algorithm for a routing and container loading problem. *Transportation Science*, 40 (3), 342 - 350.

[31] Gillett, B. E., Miller, L. R. (1974). A heuristic algorithm for the vehicle-dispatch problem. *Operations research*, 22 (2), 340 - 349.

[32] Glover, F. (1989). Tabu search-part I. *ORSA Journal on computing*, 1 (3), 190 - 206.

[33] Glover, F. (1990). Tabu search-part II. *ORSA Journal on computing*, 2 (1), 4 - 32.

[34] Goetschalckx, M., Jacobs - Blecha, C. (1989). The vehicle routing problem with backhauls. *European Journal of Operational Research*, 42 (1), 39 - 51.

［35］ Gulczynski, D. , Golden, B. , Wasil, E. （2010）. The split delivery vehicle routing problem with minimum delivery amounts. *Transportation Research Part E*: *Logistics and Transportation Review*, 46 （5）, 612 – 626.

［36］ Haghani, A. , Jung, S. （2005）. A dynamic vehicle routing problem with time-dependent travel times. *Computers & operations research*, 32 （11）, 2959 – 2986.

［37］ Ho, W. , Ho, G. T. , Ji, P. , Lau, H. C. （2008）. A hybrid genetic algorithm for the multi-depot vehicle routing problem. *Engineering Applications of Artificial Intelligence*, 21 （4）, 548 – 557.

［38］ Holland, J. H. （1975）. *Adaptation in natural and artificial systems*: *An introductory analysis with applications to biology, control, and artificial intelligence.* : U Michigan Press.

［39］ Homberger, J. , Gehring, H. （2005）. A two-phase hybrid metaheuristic for the vehicle routing problem with time windows. *European Journal of Operational Research*, 162 （1）, 220 – 238.

［40］ Iori, M. （2005a）. Metaheuristic algorithms for combinatorial optimization problems. *4OR*, 3 （2）, 163 – 166.

［41］ Iori, M. （2005b）. Metaheuristic algorithms for combinatorial optimization problems. *4OR*, 3 （2）, 163 – 166.

［42］ Iori, M. , Salazar – González, J. , Vigo, D. （2007）. An exact approach for the vehicle routing problem with two-dimensional loading constraints. *Transportation Science*, 41 （2）, 253 – 264.

［43］ Jin, M. , Liu, K. , Bowden, R. O. （2007）. A two-stage algorithm with valid inequalities for the split delivery vehicle routing problem. *International Journal of Production Economics*, 105 （1）, 228 – 242.

[44] Jin, M. , Liu, K. , Eksioglu, B. (2008). A column generation approach for the split delivery vehicle routing problem. *Operations Research Letters*, 36 (2), 265 – 270.

[45] Junqueira, L. , Morabito, R. , Sato Yamashita, D. (2012). Three-dimensional container loading models with cargo stability and load bearing constraints. *Computers & Operations Research*, 39 (1), 74 – 85.

[46] Kim, B. , Kim, S. , Sahoo, S. (2006). Waste collection vehicle routing problem with time windows. *Computers & Operations Research*, 33 (12), 3624 – 3642.

[47] Kirkpatrick, S. , Vecchi, M. P. (1983). Optimization by simmulated annealing. *science*, 220 (4598), 671 – 680.

[48] Kuo, Y. , Wang, C. (2012). A variable neighborhood search for the multi-depot vehicle routing problem with loading cost. *Expert Systems with Applications*, 39 (8), 6949 – 6954.

[49] Larsen, A. , Madsen, O. , Solomon, M. (2002). Partially dynamic vehicle routing-models and algorithms. *Journal of the Operational Research Society*, 53 (6), 637 – 646.

[50] Leung, S. C. , Zhou, X. , Zhang, D. , Zheng, J. (2011). Extended guided tabu search and a new packing algorithm for the two-dimensional loading vehicle routing problem. *Computers & Operations Research*, 38 (1), 205 – 215.

[51] Lin, S. (1965). Computer solutions of the traveling salesman problem. *Bell System Technical Journal*, 44 (10), 2245 – 2269.

[52] Liu, F. F. , Shen, S. (1999). An overview of a heuristic for vehicle routing problem with time windows. *Computers & industrial engineering*, 37 (1), 331 – 334.

[53] Liu, R. , Jiang, Z. (2012). The close-open mixed vehicle

routing problem. *European Journal of Operational Research*, 220（2），349 – 360.

［54］Mazzeo, S., Loiseau, I. （2004）. An ant colony algorithm for the capacitated vehicle routing. *Electronic Notes in Discrete Mathematics*, 18, 181 – 186.

［55］McClintock, S., Lunney, T., Hashim, A. （1997, 1997 – 01 – 01）. *Using fuzzy logic to optimize genetic algorithm performance*.

［56］Mendoza, J. E., Castanier, B., Guéret, C., Medaglia, A. L., Velasco, N. （2010）. A memetic algorithm for the multi-compartment vehicle routing problem with stochastic demands. *Computers & Operations Research*, 37（11），1886 – 1898.

［57］Min, H., Current, J., SCHILLING, D., CURRENT, J. （1992）. THE MULTIPLE DEPOT VEHICLE ROUTING PROBLEM WITH BACKHAULING. *Journal of Business Logistics*.

［58］Mingozzi, A., Giorgi, S., Baldacci, R. （1999）. An exact method for the vehicle routing problem with backhauls. *Transportation Science*, 33（3），315 – 329.

［59］Moreno, L., de Aragão, M. P., Uchoa, E. （2010）. Improved lower bounds for the split delivery vehicle routing problem. *Operations Research Letters*, 38（4），302 – 306.

［60］Nagy, G., Salhi, S. （2005）. Heuristic algorithms for single and multiple depot vehicle routing problems with pickups and deliveries. *European Journal of Operational Research*, 162（1），126 – 141.

［61］Nanry, W. P., Wesley Barnes, J. （2000）. Solving the pickup and delivery problem with time windows using reactive tabu search. *Transportation Research Part B：Methodological*, 34（2），107 – 121.

［62］ Nazif, H. , Lee, L. S. (2012). Optimised crossover genetic algorithm for capacitated vehicle routing problem. *Applied Mathematical Modelling*, 36 (5), 2110 – 2117.

［63］ Osman, I. H. , Laporte, G. (1996). Metaheuristics: A bibliography. *Annals of Operations Research*, 63 (5), 511 – 623.

［64］ Pang, K. (2011). An adaptive parallel route construction heuristic for the vehicle routing problem with time windows constraints. *Expert Systems with Applications*, 38 (9), 11939 – 11946.

［65］ Raff, S. (1983). Routing and scheduling of vehicles and crews: The state of the art. *Computers & Operations Research*, 10 (2), 63 – 211.

［66］ Rego, C. , Roucairol, C. (1995). Using tabu search for solving a dynamic multi-terminal truck dispatching problem. *European Journal of Operational Research*, 83 (2), 411 – 429.

［67］ Renaud, J. , Laporte, G. , Boctor, F. F. (1996). A tabu search heuristic for the multi-depot vehicle routing problem. *Computers & Operations Research*, 23 (3), 229 – 235.

［68］ Repoussis, P. P. , Tarantilis, C. D. , Bräysy, O. , Ioannou, G. (2010). A hybrid evolution strategy for the open vehicle routing problem. *Computers & Operations Research*, 37 (3), 443 – 455.

［69］ Ruan, Q. , Zhang, Z. , Miao, L. , Shen, H. (2013). A hybrid approach for the vehicle routing problem with three-dimensional loading constraints. *Computers & Operations Research*, 40 (6), 1579 – 1589.

［70］ Salhi, S. , Rand, G. K. (1993). Incorporating vehicle routing into the vehicle fleet composition problem. *European Journal of Operational Research*, 66 (3), 313 – 330.

［71］ Salhi, S. , Sari, M. (1997). A multi-level composite heuristic for the multi-depot vehicle fleet mix problem. *European Journal of Operational Research*, 103（1）, 95 – 112.

［72］Sariklis, D., Powell, S.（2000）. A heuristic method for the open vehicle routing problem. *Journal of the Operational Research Society*, 564 – 573.

［73］Solomon, M. M.（1984）. Vehicle routing and scheduling with time window constraints: Models and algorithms.

［74］Solomon, M. M.（1987）. Algorithms for the vehicle routing and scheduling problems with time window constraints. *Operations research*, 35（2）, 254 – 265.

［75］Tan, K. C., Lee, L. H., Zhu, Q. L., Ou, K.（2001）. Heuristic methods for vehicle routing problem with time windows. *Artificial intelligence in Engineering*, 15（3）, 281 – 295.

［76］Tang, J., Pan, Z., Fung, R. Y., Lau, H.（2009a）. Vehicle routing problem with fuzzy time windows. *Fuzzy sets and systems*, 160（5）, 683 – 695.

［77］Tang, J., Pan, Z., Fung, R. Y., Lau, H.（2009b）. Vehicle routing problem with fuzzy time windows. *Fuzzy sets and systems*, 160（5）, 683 – 695.

［78］Tarantilis, C. D., Ioannou, G., Kiranoudis, C. T., Prastacos, G. P.（2005）. Solving the open vehicle routeing problem via a single parameter metaheuristic algorithm. *Journal of the Operational Research Society*, 56（5）, 588 – 596.

［79］Tarantilis, C. D., Zachariadis, E. E., Kiranoudis, C. T.（2009a）. A hybrid metaheuristic algorithm for the integrated vehicle routing and three-dimensional container-loading problem. *Intelligent Transportation Systems, IEEE Transactions on*, 10（2）, 255 – 271.

［80］Tarantilis, C. D., Zachariadis, E. E., Kiranoudis, C. T.

(2009b). A hybrid metaheuristic algorithm for the integrated vehicle routing and three-dimensional container-loading problem. *Intelligent Transportation Systems, IEEE Transactions on*, 10 (2), 255 – 271.

[81] Tavakkoli – Moghaddam, R. , Saremi, A. R. , Ziaee, M. S. (2006). A memetic algorithm for a vehicle routing problem with backhauls. *Applied Mathematics and Computation*, 181 (2), 1049 – 1060.

[82] Thangiah, S. R. , Potvin, J. , Sun, T. (1996). Heuristic approaches to vehicle routing with backhauls and time windows. *Computers & Operations Research*, 23 (11), 1043 – 1057.

[83] Toth, P. , Vigo, D. (1997). An exact algorithm for the vehicle routing problem with backhauls. *Transportation science*, 31 (4), 372 – 385.

[84] Toth, P. , Vigo, D. (1999). A heuristic algorithm for the symmetric and asymmetric vehicle routing problems with backhauls. *European Journal of Operational Research*, 113 (3), 528 – 543.

[85] Toth, P. , Vigo, D. (2001). *The vehicle routing problem*: Siam.

[86] Van Breedam, A. (1995). Improvement heuristics for the vehicle routing problem based on simulated annealing. *European Journal of Operational Research*, 86 (3), 480 – 490.

[87] Van Landeghem, H. (1988). A bi-criteria heuristic for the vehicle routing problem with time windows. *European Journal of Operational Research*, 36 (2), 217 – 226.

[88] Xu, B. H. , Baird, R. C. , Vukovich, G. (1997). Fuzzy evolutionary algorithms and automatic robot trajectory generation. In (pp. 423 – 449): Springer.

[89] Yu, B. , Yang, Z. , Yao, B. (2009). An improved ant colony optimization for vehicle routing problem. *European journal of oper-*

ational research, 196 (1), 171 –176.

[90] Zachariadis, E. E. , Tarantilis, C. D. , Kiranoudis, C. T. (2009). A guided tabu search for the vehicle routing problem with two-dimensional loading constraints. *European Journal of Operational Research*, 195 (3), 729 –743.

[91] Zachariadis, E. E. , Kiranoudis, C. T. (2010). An open vehicle routing problem metaheuristic for examining wide solution neighborhoods. *Computers & Operations Research*, 37 (4), 712 –723.

[92] Zachariadis, E. E. , Kiranoudis, C. T. (2012). An effective local search approach for the Vehicle Routing Problem with Backhauls. *Expert Systems with Applications*, 39 (3), 3174 –3184.

[93] Zarandi, M. H. F. , Hemmati, A. , Davari, S. (2011). The multi-depot capacitated location-routing problem with fuzzy travel times. *Expert Systems with Applications*, 38 (8), 10075 –10084.

[94] Zheng, Y. , Liu, B. (2006). Fuzzy vehicle routing model with credibility measure and its hybrid intelligent algorithm. *Applied Mathematics and Computation*, 176 (2), 673 –683.

[95] Philippe, L. , Helene, T. , Christophe, D. (2013). A GRASP & ELS for the vehivle routing problem with basic three-dimensional loading constraints. *Engingeering Applications of Artificial Intelligence*, 26 (8), 1795 –1810.

[96] Fuellerer, G. , Doerner, K. F. , Hartl, R. F. , Iori, M. (2007). Metahetuistics for vehicle routing problems with loading constraints. *Networks*, 49 (4), 294 –307.

[97] Moura, A. (2008). A multi-obiective genetic algorithm for the vehicle routing problem with time windows and loading problem. *Intelligent Decision Support*, 2, 187 –201.

[98] Bortfeldt, A. (2012). Ahybrid algotithm for the capacitated

vehicle routing problem with three-demensional loading constraints. *Computers & Operations Research*, 39（9），2248 – 2257.

［99］Philippe，L.，Henlene，L.，Christophe，D.（2013）. A GRASP & ELS for the vehicle routing problem with basic three-dimensional loading constraints. *Engingeering Applications of Artificial Intelligence*，26（8），1795 – 1810.

［100］曹二保，赖明勇．基于改进差分进化算法的 VRP - SDPTW 研究［J］. 管理工程学报，2009（2）：80 – 84.

［101］曹剑东，郑四发，王建强，连小珉．集送货路径的同步优化快速算法［J］. 清华大学学报：自然科学版，2009，48（8）：1344 – 1346.

［102］程林辉，王江晴．求解车辆路径问题的改进遗传算法［J］. 计算机工程与应用，2010，46（36）.

［103］符卓．带装载能力约束的开放式车辆路径问题及其禁忌搜索算法研究［J］. 系统工程理论与实践，2004，24（3）：123 – 128.

［104］韩西林．降低物流成本与开发"第三利润源"［J］. 中国物资流通，1989（6）：2.

［105］何黎明，中国物流与采购联合会，中国物流学会．中国物流发展报告：2010 ~ 2011［M］. 北京：中国物资出版社，2011.

［106］侯立文，谭家美，赵元．求解带时间窗的客户需求可分条件下的车辆路径问题［J］. 中国管理科学，2007，15（6）：46 – 51.

［107］蒋艳凰，赵强利．机械学习方法诊断技术［M］. 北京：电子工业出版社，2009.

［108］郎茂祥．（2006）. 多配送中心车辆调度模型与算法研究［J］. 交通运输系统工程与信息.

［109］郎茂祥，胡思继．用混合遗传算法求解物流配送路径优

化问题的研究. 中国管理科学, 2002, 10 (5): 51 – 56.

[110] 李建, 达庆利, 何瑞银. 多车次同时集散货物路线问题研究. 管理科学学报, 2010; 13 (10): 1 – 7.

[111] 李军, 郭耀煌. 物流配送车辆优化调度理论与方法 [M]. 北京: 中国物资出版社, 2001.

[112] 李敏强, 寇纪淞, 林丹. 遗传算法的基本原理与应用 [M]. 北京: 科学出版社, 2002.

[113] 李宁, 邹彤, 孙德宝. 带时间窗车辆路径问题的粒子群算法 [J]. 系统工程理论与实践, 2004, 24 (4): 130 – 135.

[114] 李擎, 陈占英. 一种新的模糊遗传算法. 北京科技大学学报, 2001, 23 (1): 85 – 89.

[115] 李三彬, 柴玉梅, 王黎明. 需求可拆分的开放式车辆路径问题研究的开放式车辆路径问题研究 [J]. Computer Engineering, 2011a, 37 (6).

[116] 李三彬, 柴玉梅, 王黎明. 需求可拆分的开放式车辆路径问题研究的开放式车辆路径问题研究 [J]. Computer Engineering, 2011b, 37 (6).

[117] 李相勇, 田澎. 开放式车辆路径问题的蚁群优化算法 [J]. 系统工程理论与实践, 2008, 28 (6): 81 – 93.

[118] 李延晖, 刘向. 沿途补货的多车场开放式车辆路径问题及蚁群算法 [J]. 计算机集成制造系统, 2008.

[119] 刘冉, 江志斌, 陈峰, 刘黎明, 刘树军, 刘天堂. 多车场满载协同运输问题模型与算法 [J]. 上海交通大学学报, 2009, 43 (3): 455 – 459.

[120] 马姗静, 陈峰, 宋德朝, 郑永前. 越库配送物流系统车辆调度算法的研究 [J]. 现代制造工程, 2009 (1): 12 – 15.

[121] 孟凡超, 陆志强, 孙小明. 需求可拆分车辆路径问题的禁忌搜索算法 [J]. 计算机辅助工程, 2010, 19 (1): 78 – 83.

［122］明亮，王宇平．关于一类遗传算法收敛速度的研究［J］．计算数学，2007，29（1）：15－26．

［123］宁爱兵，熊小华，马良．城市物流配送中的三维装箱算法［J］．计算机工程与应用，2009，45（9）：207－208．

［124］潘立军，符卓．求解带时间窗取送货问题的遗传算法［J］．系统工程理论与实践，2012，32（1）：120－126．

［125］孙国华．带软时间窗的开放式满载车辆路径问题研究［J］．计算机工程与应用，2011，47（17）．

［126］孙小年，陈幼林，杨东援．装卸一体化车辆路径问题的遗传算法研究［J］．系统工程理论与实践，2007，27（2）：149－152．

［127］唐俊．时间窗约束下的配送车辆调度问题研究［J］．Computer Engineering and Applications，2011，47（21）：21．

［128］王晓博，李一军．多车场多车型装卸混合车辆路径问题研究［J］．控制与决策，2009，24（12）：1769－1774．

［129］王晓博，李一军．多车型单配送中心混合装卸车辆路径问题研究［J］．系统工程学报，2010，25（5）：629－636．

［130］王晓博，任春玉．多车场一体化集货送货车辆路径问题的混合遗传算法［J］．运筹与管理，2010（006）：65－72．

［131］王旭坪，吴绪，马超，杨德礼，占济舟，周献中等．运力受扰的多车场车辆调度干扰管理问题研究［J］．中国管理科学，2010，18（6）．

［132］王旭坪，张凯，胡祥培．基于模糊时间窗的车辆调度问题研究［J］．管理工程学报，2011，25（3）：148－153．

［133］王征，胡祥培，王旭坪．带二维装箱约束的物流配送车辆路径问题［J］．系统工程理论与实践，2011，31（12）：2328－2341．

［134］肖人彬，王磊．人工免疫系统：原理，模型，分析及展

望［J］.计算机学报，2002，25（12）：1281-1293.

［135］徐宗本，聂赞坎，张文修.父代种群参与竞争遗传算法几乎必然收敛［J］.应用数学学报，2002，25（1）：167-175.

［136］杨亚璨，靳文舟，郝小妮，田晟.求解集送货可拆分车辆路径问题的启发式算法［J］.华南理工大学学报（自然科学版），2010，38（3）.

［137］杨元峰.多车场多车型车辆路径问题的改进遗传算法［J］.计算机与现代化，2008（9）：10-13.

［138］余明珠，李建斌，雷东.装卸一体化的车辆路径问题及基于插入法的新禁忌算法［J］.中国管理科学，2010，18（4）：89-95.

［139］袁健，刘晋，卢厚清.随机需求情形VRP的退火网络解法［J］.系统工程理论与实践，2002，22（3）：109-113.

［140］张丽萍，柴跃廷.车辆路径问题的改进遗传算法［J］.系统工程理论与实践，2002a，22（8）：79-84.

［141］张丽萍，柴跃廷.车辆路径问题的改进遗传算法［J］.系统工程理论与实践，2002b，22（8）：79-84.

［142］钟石泉，贺国光.多车场有时间窗的多车型车辆调度及其禁忌算法研究［J］.运筹学学报，2006，9（4）：67-73.

［143］朱树人，李文彬，匡芳君.一种带软时间窗的物流配送路径优化遗传算法［J］.计算机工程与科学，2006，27（12）：108-110.

作者相关研究成果

［1］颜瑞，朱晓宁，张群，戚耀元，蔺俞铮. 考虑二维装箱约束的多车场带时间窗的车辆路径问题模型及算法研究［J］. 中国管理科学，2017（7）.（CSSCI）

［2］颜瑞，张群，胡睿. 考虑三维装箱约束的多车场车辆路径问题［J］. 管理工程学报，2016，30（1）：108－116.（CSSCI）

［3］颜瑞，张群，胡睿. 考虑三维装箱约束的车辆路径问题研究［J］. 中国管理科学，2015，23（1）：128－134.（CSSCI）

［4］张群，颜瑞. 基于改进模糊遗传算法的混合车辆路径问题［J］. 中国管理科学，2012，20（2）：121－128.（CSSCI）

［5］颜瑞，张群. 基于改进免疫算法优化支持向量机的钢材消费预测［J］. 工业工程，2013，（5）：90－95.（中文核心）

［6］朱晓宁，张群，颜瑞，马风才. 基于多约束聚类的企业生产计划与质量设计优化模型［J］. 统计与决策，2014，（24）：183－186.（CSSCI）

［7］朱晓宁，张群，颜瑞，马风才. 供应链协同产品设计开发模型及策略［J］. 统计与决策，2014，（10）：40－43.（CSSCI）

［8］Zhu, X. N., Yan, R., Zhang, Q.. A promoted hybrid heuristic algorithm for two-dimensional multi-depots vehicle routing problem［J］. International Journal of Simulation Modelling, 2015, 14（3）：499－510.（SCI）

［9］Zhang Qun, Yan Rui. Stochastic demand vehicle routing problem on immune and genetic algorithm ［C］. Advanced Materials Research，2012，452：823 –828.（EI）

［10］Zhang Qun，Wei Li Rong，Hu Rui，Yan Rui，Li Li Hua，Zhu Xiao Ning. A review on the Bin Packing Capacitated Vehicle Routing Problem ［C］. Advanced Materials Research，2014，853：668 –673.（EI）